left handed crochet

左利きさんのための
はじめてのかぎ針編み

佐野純子

はじめに

私は左利きです。

子どものころ、初めてかぎ針編みを習ったのは、右利きの母からでした。
向かいあわせに座り、鏡を見るようにして手の動きを覚えました。

最近では、わかりやすい本や動画がたくさんあるので、
独学でも編み物を始めやすくなりました。
それでも、左利き向けの解説はまだまだ少ないです。

この本は、左利きのかぎ針編み初心者さんにとって、
最初の基礎を教えるお母さんのような役割の本です。
基本的な編み方だけで作れる、かわいい小物たちを考えました。

毛糸だけでなくラメ糸や麻ひもなど、
同じ作品でも素材を変えて編んでみるのも楽しいです。
楽しみながら編んでいるうちに、
基本的な編み方はすっかりマスターできるはず。

そのころにはきっと、右利き用の編み図の作品も
編めるようになると思います。

右利きニッターさんに、
普段は常に編み図を脳内で反転させている
左利きニッター気分を味わっていただくのもご一興かと。

少しでも興味を持っていただけたら、
とにかくページをめくってみてください。

佐野純子

CONTENTS

PART 1 かぎ針編みの基本のきほん

PART 2 この本で使う基本の編み方

PART 3 How to make

a 雲

b おうち

1

HOW TO MAKE
P.66

エコたわし

糸割れしにくいアクリル毛糸は、
初心者さん向けです。
基本の編み方練習としても、
色の組み合わせを試すのにも
たくさん編んでみてください。

c うずまき

d 花まる

2

HOW TO MAKE
P.70

ミニポーチ

目薬、イヤホン、アクセサリーなど、
バッグの中で迷子になりそうな小物を収納するのに
便利な巾着ポーチです。
細編みや長編みだけでなく、
ピコット編みやわの作り目、毛糸の替え方など、
小さいながらもさまざまな編み方の練習になります。

a

b

HOW TO MAKE
P.72

ミルククラウンの
小物入れ

ミルクの雫が落ちたときにできる
ミルククラウンをイメージした小物入れです。
しっかり形を保てる作りにしてあります。
カップでは立ち上がりのある円編み、
トレーでは立ち上がりをせずに
うずまきに編む円編みを使っています。
大切な鍵や指輪の定位置におすすめ。

B　トレー

A　カップ

9

4

アクセサリー

HOW TO MAKE
P.76

細い糸で編んだ繊細なアクセサリーたち。
毛糸以外にも、ラメ入りレース糸、ステンレスコード、
レザーコードなど、素材を変えると作品の雰囲気も変わります。

a
ハートピアス

b
スクエア
モチーフピアス

c
ボールモチーフ
イヤリング

d
立体ハート
ピアス

e
ブレスレット

5

シュシュ2種

HOW TO MAKE
P.80

ヘアゴムに、毛糸を編みつけて作るシュシュです。
Aは中細程度の細糸、Bは並太〜極太程度の太糸で編むのに向いています。
ヘアゴムとしてだけでなく、何かを束ねるのにも使えるので、
楽しんで編んでみてください。

6

HOW TO MAKE
P.82

アームカバー

日焼け防止、冷房の寒さよけにぴったりですが、
素材を秋冬毛糸に替えれば、冬の防寒用にもなります。
デザインのポイントである中長編みの玉編みは、
糸の引き具合をそろえると均一な仕上がりになります。

7

HOW TO MAKE
P.84

麦わら帽風クロッシェ

とても編みやすいヘンプヤーンで編んだ、
風通しのよいクロッシェです。
ブリムはつけ根部分で一気に増目し、その後は増減目がなく、
簡単に編めるようになっています。

HOW TO MAKE
P.86

ミトン

キャップとおそろいで作りたいミトン。
指先に向かって均等に減らし目しているので、
左右同じ編み図です。

a

b

9

HOW TO MAKE
P.00

キャップ

そのままでも、折り返しても素敵な
ニットキャップ。
細編みだけでぐるぐると編み進めるので、
とても簡単に編み上がります。
ツートンの色の組み合わせがかわいい。

b

a

10

HOW TO MAKE
P.90

裂き編みスマホポシェット

布をひも状に裂いたものを編んで作りました。
バンダナやハンカチ、着なくなったシャツなど、
身近にある生地も編み物の素材になります。

11

HOW TO MAKE
P.92

残り糸のマフラー

編み物をしていると、ちょっとずつたまってくる
残り糸を使って作るマフラーです。
編み始めと編み終わりの端糸が、
フリンジの一部になっているので、
面倒な糸始末はせずに仕上がります。

12 着ぐるみ風あみぐるみ人形

HOW TO MAKE
P.93

ボディーは全て同じ編み方ですが、
糸の太さを変えると、サイズがこんなに変わります。
耳やしっぽの形、顔の表情を変えて、
お好みの人形を作ってみてください。

a カエル

c ウサギ

b ネコ

d クマ

18

1

かぎ針編みの
基本のきほん

さっそくかぎ針編みを始めましょう。
かぎ針の持ち方、糸の持ち方から学びます。
ちっともむずかしくないので、
少しずつ編んでみましょう。

左ききさんQ&A①

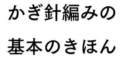

Q　**編み物は右手で覚えたほうがいいと言われました……。**

A　やっぱり利き手が編みやすいと思います。
私は編み物をしていて、左利きで困ったことは全然ありません！
基本さえマスターしてしまえば大丈夫です。

かぎ針編みの道具

かぎ針は、先がかぎ状になっている編み針です。
かぎに糸をかけて編み進めます。

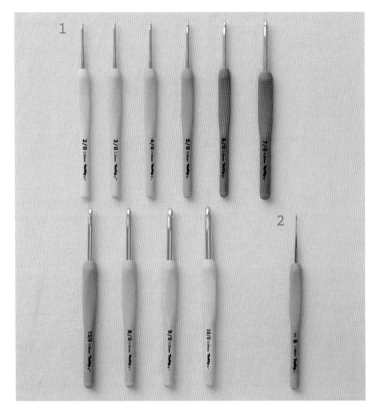

■ かぎ針

1　太さによって2／0～10／0号まで
あります。号数の数字が大きくなる
ほど太くなります。
極細糸は2／0号、中細糸は3／0
号、合太糸は4／0号、並太糸は
5／0～7／0号、極太糸は7.5／0
～10／0号、超極太糸は10／0号が
適しています。

2　レースかぎ針　6号
レース針は0号が一番太く、号数が
大きくなるほど細くなります。

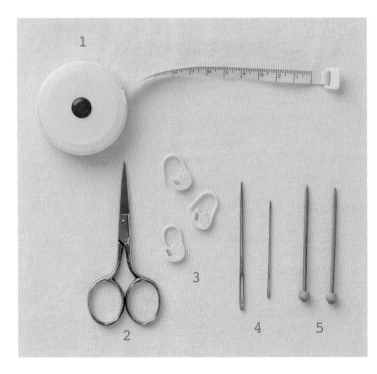

■ その他の道具

1　メジャー
モチーフのサイズを測ったり、目数
と寸法を測るときなどに使います。

2　手芸用はさみ
糸を切るときに使います。

3　目数・段数マーカー
編み目につけて目印に使います。

4　とじ針
先が丸く、糸を通す穴が大きい針。
糸始末やモチーフをとじるときに
使います。

5　毛糸用まち針
編み地をとじたりするときに使い
ます。糸を割ることなく使えます。

［ この本で使った糸 ］

冬用の毛糸の他に、夏用のコットンやリネンの糸、メタリックな糸や
ヘンプ（麻ひも）など、さまざまな素材の糸を使用しました。

1 **ギーク（DARUMA）**
糸の芯と吹き出ているウール繊維の色を
変えた糸。

2 **ポンポンウール（DARUMA）**
ところどころにポンポンのついた糸。

3 **カフェキッチン（DARUMA）**
アクリル100％のエコたわし用の糸。

4 **メリノスタイル並太（DARUMA）**
手編みに最適なメリノウール100％の糸。

5 **手つむぎ風タム糸（DARUMA）**
タム糸とは毛羽だたせたふんわりとした糸。

6 **ウールロービング（DARUMA）**
弾力のある太めのウール100％の糸。

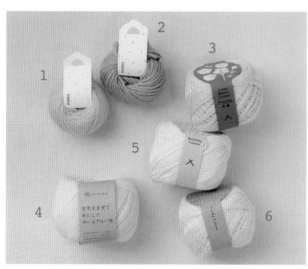

1 **iroiro（DARUMA）**
カラー50色。ウール100％の中細糸。

2 **iroiro Roving（DARUMA）**
カラー20色。ウール100％の太い糸。

3 **リネンラミーコットン中細（DARUMA）**
春夏用の糸。綿70％、
麻（リネン15％・ラミー15％）30％。

4 **空気をまぜて糸にしたウールアルパカ
（DARUMA）**
糸の表面がパイル状の軽い毛糸。

5 **ニッティングコットン（DARUMA）**
コットン100％のストレートヤーン糸。

6 **カーリーコットン（DARUMA）**
撚ってカールしたコットン100％の糸を
リリヤーン状にした糸。

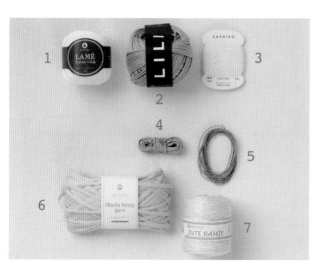

1 **ラメのレース糸＃30（DARUMA）**
ラメの箔を糸にしたレース糸。

2 **LILI（DARUMA）**
コットンのリリヤーンでジュートを包んだ糸。

3 **刺し子糸〈合太〉カード巻（DARUMA）**
少し太めの刺し子糸。

4 **アミレザー（MARCHENART）**
ベロア調の起毛タイプのコード。

5 **ステンレスコード（MARCHENART）**
ヒモなのに金属のように見えるコード。

6 **マニラヘンプヤーン（MARCHENART）**
マニラ麻100％。洗濯も可能な糸。

7 **ジュートラミー（MARCHENART）**
ラミー（苧麻ちょま）をブレンドしてある麻糸。

糸端の出し方

糸玉には中心と外側に糸端があります。中心から糸を出して編むと、編んでいるときに糸玉が転がらないですみます。

そっと中心に指先を入れて、糸端を探します。

1 中心から糸を出すときに、ごそっとかたまりで出てくることがあります。

2 かたまっていても心配はいりません。糸端を探して使いましょう。

▶ ラベルの見方

糸のラベルには、その糸に適する針の号数や、糸の洗濯の仕方などの情報が書かれています

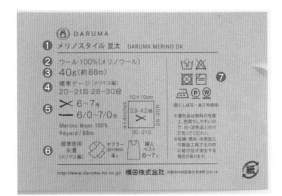

❶ 糸の名称

❷ 糸の素材・品質

❸ 糸玉の1個の重さ・長さ

❹ 標準ゲージ
　（10×10cmで編んだときの目数と段数）

❺ 適した棒針とかぎ針の号数

❻ 標準使用で編んだ場合の糸玉の個数

❼ 洗濯をするときの注意点

かぎ針の持ち方

本書は左利きさんのための編み物本です。
針は左手に持ちます。

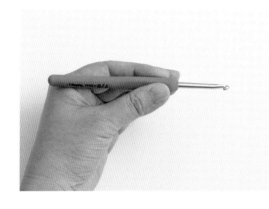

針の持ち方は、親指と人さし指、中指
を使い、鉛筆を持つように持ちます。
※右利きの方は右手で持ち、解説写真
　は左右反転と考えてください。

糸のかけ方・持ち方

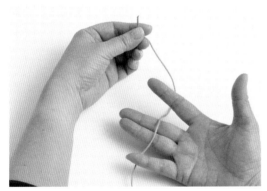

1 糸端を持ったら、右手の小指の後ろ→薬指・中指の
　前→人さし指の後ろを通します。

2 人さし指にかけて手のひら側に引きます。

3 手のひら側に引いた糸を親指と中指で持ちます。人
　さし指は曲げずに伸ばし、糸が張るように持ちます。

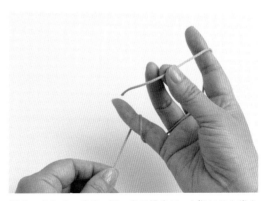

※すべりやすい糸や、細い糸の場合は、小指にひと巻き
　しておくと、一定した張りが出て編みやすくなります。

基本のきほん　鎖編み　⬭

編み目が鎖のように見える鎖編み。編み地の土台となる作り目として使うほか、
立ち上がりの目、透かし模様に使うなど基本となる編み方です。

■ 編み始めのわを作る

1 かぎ針を糸の向こう側に入れ、針先を手前にして糸に当てます。

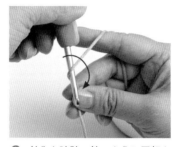

2 針先を時計の針のように回転させます。

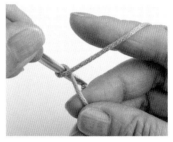

3 糸を巻きつけます。

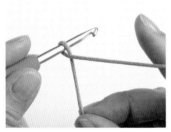

4 糸がループ状に針にかかりました。

5 右手の親指と中指で、糸の交差しているところを押さえ、針先で糸をすくい上げます。

6 針先に糸をかけます。次に矢印のように糸を引き抜きます。

7 針にかかった糸をループをくぐらせ引き抜きます。

8 これで編み始めのわができたところです。この部分は1目と数えません。

■ 鎖編みを編む

1 目を引きしめます。

2 針先に糸をかけ、矢印のように引き抜きます。

3 鎖が1目編めたところです。針にかかったループの下にできた目を1目と数えます。

4 5目編めたところです。なるべく均一に編めるようにしましょう。

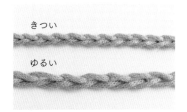

作り目を編むとき
作り目は、ゆるめの鎖編みにする必要があるので、ループを少し大き目にするか、針の号数を大きくするとよいでしょう。

> **きれいに編むポイント**
> ● 針先の向きを一定に。
> ● 針の太い部分まで使ってループの大きさを一定に。
> ● 右手にかけた糸の張りを一定に。

■ 鎖編みの構造

表

鎖1つを鎖1目と数えます。1目の片側を「半目」といいます。

裏

鎖の裏側です。中心にできる山を「裏山」といいます。

Point 裏山は真横から見ると、盛り上がって見えます。

指で作る編み始めのわ

1 糸を交差させ輪を作ります。

2 輪の中に指を入れて糸玉につながっている糸をつまみます。

3 つまんだ糸を引き出します。

4 引き締めます。

5 この目に針を入れて編み始めます。

細編みを編んでみよう ✕

かぎ針編みの編み方の、一番簡単な編み方です。
編んでみましょう。

1 鎖編みを10目編みます。これを作り目といいます。

立ち上がりの鎖1目

2 立ち上がりの鎖を1目編みます。
※立ち上がりについてはp.44参照。

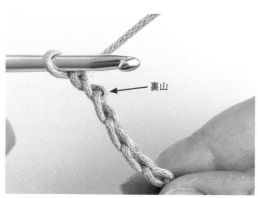

裏山

3 作り目の鎖の裏山を拾います。

4 裏山に針を入れます。

5 針先に糸をかけ、矢印のように引き抜きます。

6 針にループが2個かかった状態になります。

7 もう一度針に糸をかけ、矢印のように引き抜きます。

8 細編みが1目編めました。

9 4〜8をくり返して、細編みが2目編めたところです。

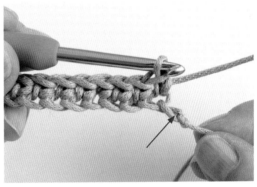

10 最後の10目めも矢印のところに針を入れて編みます。

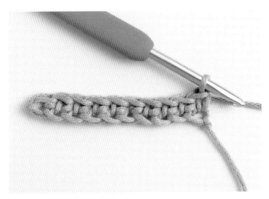

11 細編みが10目編めました。これを1段めと数えます。

立ち上がりの鎖

12 次の段の立ち上がりの鎖1目を編み、編み地を矢印の向きに回します。

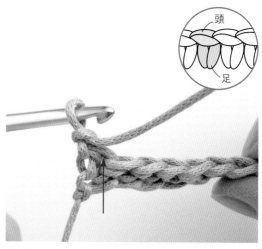

13 2段めを編んでいきます。編み地を回したところ。

14 2段めからは、前段の細編みの頭の鎖2本を拾います。

15 前段の細編みの頭に針を入れます。

16 5〜8をくり返し、2段めの細編みが編めたところ。

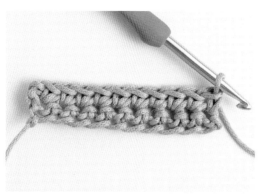

17 15〜16をくり返し、2段めが編めました。

18 10段めまで編めました。

丸く編むときのわの作り目

丸いモチーフを編みたいときは、「わの作り目」から編み始めます。

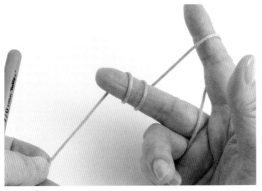

1 右手の中指に糸を2回巻きます。

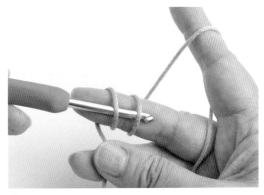

2 針を輪の中に入れます。

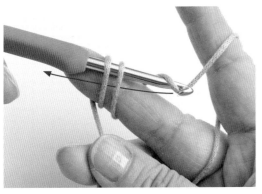

3 針先に糸をかけ、矢印のように引き出します。

4 引き出したところ。

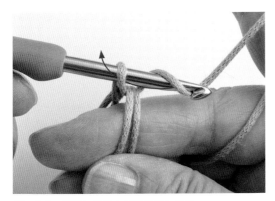

5 もう一度針に糸をかけ引き出します。

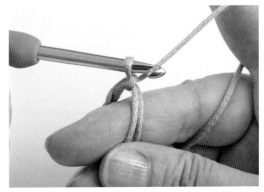

6 これでわの作り目の完成です。この部分は1目と数えません。

細編みで丸く編んでみよう

わの作り目に細編みを編みつけ、
丸いモチーフを編んでみましょう。

■ 1段め

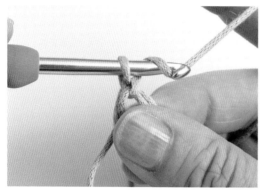

1 わの作り目を作ったら、針に糸をかけ立ち上がりの
鎖を1目編みます。

立ち上がりの鎖

2 立ち上がりの鎖1目を編みました。

3 わの中に針を入れ、針に糸をかけて細編みを編みま
す。

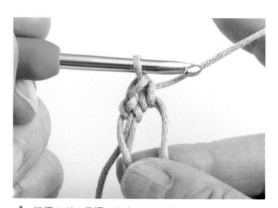

4 細編みが1目編めたところです。

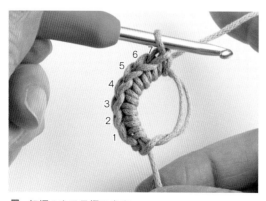

5 細編みを7目編みます。

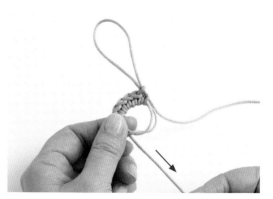

6 針を入れていたループは、ほどけないよう少し大き
くしておき、矢印のように糸端を軽く引っ張ります。

7 わになった2本の糸のうち、動くほうの糸を矢印の
ように引っ張ります。

8 わが縮みました。

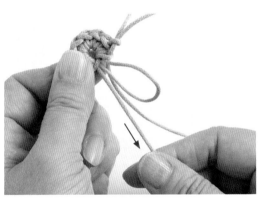

9 もう一度、糸端を引っ張ると、もう1本の糸のわも
引き締まります。

10 引き締まりました。

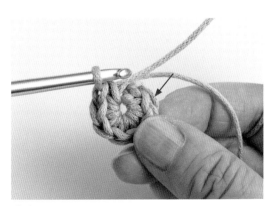

11 1段めの終わりは、最初の細編みの頭の鎖2本に
針を入れます。

12 針に糸をかけて、矢印のように引き抜きます（引
き抜き編み）。

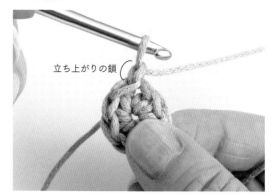

立ち上がりの鎖

13 1段めが編めました。

1 立ち上がりの鎖1目を編みます。

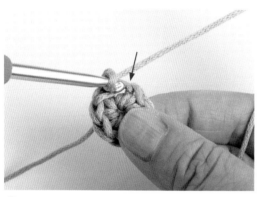

2 前段の最後に引き抜き編みしたところの鎖2本を拾い、細編みを編みます。

3 同じところにもう1目細編みを編み、計2目の細編みを編みました。（細編み2目編み入れる）

4 前段の細編み1目に、細編みを2目ずつ編み入れ、1周編みます。計14目の細編みを編みます。

5 2段めの終わりは、最初の細編みの頭の鎖2本を拾って針を入れます。

編み図で表すと

6 糸を引き抜いて2段めが編み終わりました。

細編み2目編み入れる ⋎

ひとつの目に細編みを2目編み入れる記号です
（p.46参照）。

■ **左利きさんが編んだ編み地**

■ **右利きさんが編んだ編み地**

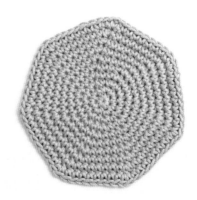

増し目をした部分にできるカーブが、反対向きになっているのがわかります。

左利き編み図

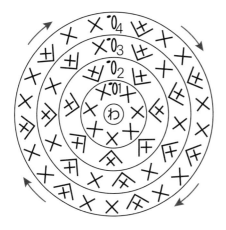

右利き編み図

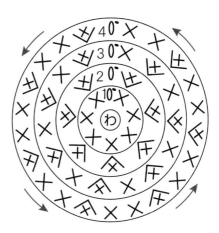

うずまき状に編む

段の始めの立ち上がりの鎖を編まずに編み進めると、
うずまき状の編み地ができます。

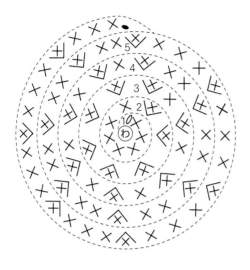

1 わの作り目から1段めの細編みを編みます。

2 2段めは前段の細編みの頭を拾って細編みを編みます。

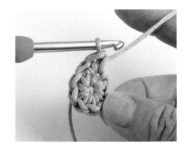

3 細編みが編めたところです。編み図にしたがって編み進めます。

マーカーで印をつけておくとわかりやすい

1 1段めの終わりの細編みの頭にマーカーをつけておきます。

2 2段めが編めたところです。

3 2段めが編めたら、またマーカーをつけておきます。

鎖をわにする作り目

筒状の作品を編んでいくときに便利な作り目です。
指定の目数の鎖をわにつないで作り目にします。

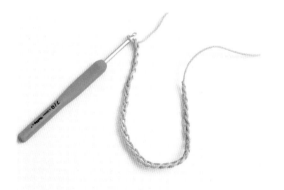

1 たとえば、鎖を30目編みます。

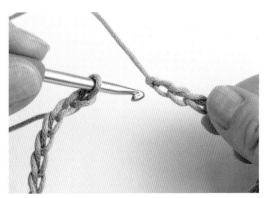

2 最初の鎖の半目と裏山の2本を拾います。

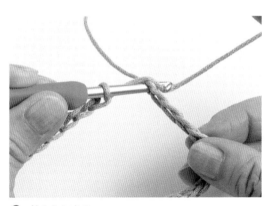

3 針を入れます。

4 針に糸をかけて、矢印のように引き抜きます。

5 これでわがつながりました。

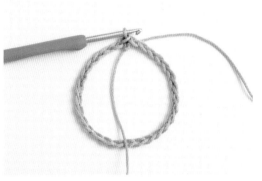

6 わの状態になった鎖を作り目として、編み進めます。

糸の始末

編み始め、編み終わりなど糸端が残ります。
その糸端はとじ針を使って
編み地の中へ隠します。

1 編み終わったら、1目鎖編みをします。

2 糸端を切ります。

3 ループを引っ張り、糸端を引き抜きます。

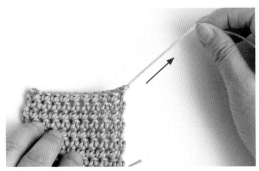

4 糸を引き締めます。

5 糸端をとじ針に通し、編み目をいくつかくぐらせます。

6 5〜6目拾ったら、すぐ下の段の目をくぐらせ戻ります。

7 ぎりぎりのところで糸を切ります。

この本で使う
基本の編み方

この本では、かぎ針編みの
ごく基本的な編み方しか使っていません。
数種類の編み方さえ覚えてしまえば、
かわいい小物たちが編めてしまいます。

左ききさんQ&A②

Q　左利き用の道具をそろえたほうがいいですか？

A　利き手にあった道具がおすすめです。じつは、私は右利き用
　　のはさみを左手で使っているのですが、それは子どものとき
　　に慣れてしまったから。最近は左利き用の道具もいろいろあ
　　るので、定規、缶切り、急須など、積極的に集めています。

［基本の編み方と編み目記号］

ここに紹介する編み方は、かぎ針編みの基本となる編み方です。かぎ針編みは、この基本の編み方を組み合わせることによって、いろんな模様が編めます。

鎖編み	⬭	作り目、立ち上がりの目、すかし目などに。
引き抜き編み	⬬	編み地をつないだり、ステッチ模様に。
細編み	✕	針にかかった2本のループを一度に引き抜きます。
中長編み	丅	針に糸をかけてから糸を引き出し、針にかけた糸で3本のループを一度に引き抜きます。
長編み	𝈘	針に糸をかけてから糸を引き出し、針にかけた糸でループ2本ずつを2回引き抜きます。
長々編み	𝈘	針に2回糸をかけてから引き出し、針にかけた糸でループ2本ずつを3回引き抜きます。
細編み2目編み入れる	⩗	同じ目に細編みを2目編み入れます。
中長編み2目編み入れる	V	同じ目に中長編みを2目編み入れます。
長編み2目編み入れる	V	同じ目に長編みを2目編み入れます。
細編み2目一度	⩘	未完成にした細編み2目を一度に引き抜きます。
中長編み2目一度	Λ	未完成にした中長編み2目を一度に引き抜きます。
長編み2目一度	A	未完成にした長編み2目を一度に引き抜きます。
細編みのすじ編み	✕	前段の細編みの頭の鎖の奥の半目を拾って編みます。
長編みのすじ編み	丅	前段の長編みの頭の鎖の奥の半目を拾って編みます。
中長編み3目の玉編み	⑊	1目に未完成の中長編みを3目編み一度に引き抜きます。
中長編み3目の玉編みを束に編む	⑋	前段の目をまるごと編みくるむように編みます。
長編み3目の玉編み	⑉	1目に未完成の長編みを3目編み一度に引き抜きます。
長編み3目の玉編みを束に編む	⑊	前段の目をまるごと編みくるむように編みます。

引き抜き編み ⬛

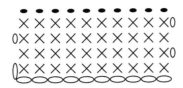 

1 　立ち上がりの鎖は編まず、矢印の位置の前段の細編みの頭2本に針を入れます。

2 　針に糸をかけ、矢印のように引き出します。

3 　1目編めたところです。

■ 引き抜き編みでステッチ

編み地に引き抜き編みで模様をつけることができます。

4 　同様に編み、5目編んだところです。

1 　うずまき状に編んだモチーフ（p.34参照）の中心に針を入れ、糸をかけて引き出します。

2 　1段めの最初の細編みの頭に針を入れ、針に糸をかけます。

3 　針にかけた糸を矢印のように引き出します。

4 　1目編めたところです。次に隣の細編みの頭に針を入れ、同様に引き抜き編みをします。

6 　引き抜き編みを繰り返していくと、チェーンステッチのようになります。

細編み ✕

1 立ち上がりの鎖1目を編みます。矢印の位置に針を入れます。

2 針を入れ、前段の目の頭の鎖2本を拾います。

3 針先に糸をかけ、矢印のように糸を引き出します。

4 糸を引き出したところ。

5 もう一度、針に糸をかけ、矢印のように糸を引き抜きます。

6 細編みが1目編めたところです。

7 細編み4目編みました。

端にマーカーで印をつけておくとわかりやすい

1 細編みは端の目がどこかわかりづらいので、1目めを編んだら、頭の鎖2本にマーカーで印をつけておくとよいです。

2 マーカーをつけたところが、1目めなので、そこを拾って最後の目を編みます。

中長編み T

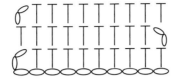 

1 立ち上がりの鎖を2目編みます。※立ち上がりの鎖は、その段の1目めと数えます。

2 針先に糸をかけ、前段の目の頭の鎖2本を拾います。

3 針を入れたら、針先に糸をかけ、矢印のように糸を引き出します。

4 糸を引き出したところです。

5 もう一度針に糸をかけ、針にかかっている糸3本を矢印のように引き抜きます。

6 中長編み1目編めたところです。※これで2目めとなります。

7 段の最後の目は、前段の立ち上がりの2目めの鎖の裏山と半目に針を入れます。

8 このように針を入れ、中長編みを編みます。

9 最後の1目が編めたところです。

長編み　下

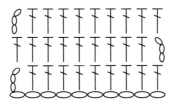

1　立ち上がりの鎖を3目編みます。※立ち上がりの鎖は、その段の1目めと数えます。

2　針先に糸をかけ、前段の目の頭の鎖2本を拾います。

3　針を入れたら、針先に糸をかけ矢印のように引き出します。

4　針先に糸をかけ、針にかかっている糸の針先から2本、矢印のように引き抜きます。

5　さらにもう一度針に糸をかけ、針にかかっている糸2本を矢印のように引き抜きます。

6　長編み1目編めたところです。※これで2目めとなります。

7　段の最後の目は、前段の立ち上がりの3目めの鎖の裏山と半目に針を入れます。

8　このように針を入れ、長編みを編みます。

9　最後の1目が編めたところです。

長々編み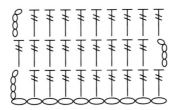

1 立ち上がりの鎖を4目編みます。※立ち上がりの鎖は、その段の1目めと数えます。

2 針に糸を2回巻き、前段の目の頭の鎖2本を拾います。

3 針を入れたら、針先に糸をかけ矢印のように引き出します。

4 糸を引き出したら、もう一度針に糸をかけ、針にかかっている糸の針先かから2本、矢印のように引き抜きます。

5 もう一度針に糸をかけ、針にかかっている糸を針先から2本、矢印のように引き抜きます。

6 さらにもう一度針に糸をかけ、針にかかっている糸2本を矢印のように引き抜きます。

7 長々編みの完成です。※これで2目めとなります。

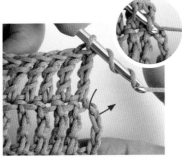

8 段の最後の目は、前段の立ち上がりの4目めの鎖の裏山と半目に針を入れ、長々編みを編みます。

9 最後の1目が編めたところです。

かぎ針編みは、編み目によって高さが違います。編み始めには、その編み目にあった鎖の目数を編みます。その鎖を「立ち上がり」といいます。

細編み	0✕✕✕✕✕	立ち上がりの鎖1目。その段の1目めと数えません。
中長編み	𝟾TTTTT	立ち上がりの鎖2目。その段の1目めと数えます。
長編み	𝟾TTTTT	立ち上がりの鎖3目。その段の1目めと数えます。
長々編み	𝟾キキキキキ	立ち上がりの鎖4目。その段の1目めと数えます。
細編み2目編み入れる	0✕✕✕	立ち上がりの鎖1目。その段の1目めと数えません。
中長編み2目編み入れる	𝟾VVV	立ち上がりの鎖2目。その段の1目めと数えます。
長編み2目編み入れる	𝟾VVV	立ち上がりの鎖3目。その段の1目めと数えます。
細編み2目一度	0✕✕✕	立ち上がりの鎖1目。その段の1目めと数えません。
中長編み2目一度	𝝠𝝠𝝠	立ち上がりの鎖1目。その段の1目めと数えます。
長編み2目一度	𝝠𝝠𝝠	立ち上がりの鎖2目。その段の1目めと数えます。

細編みのすじ編み

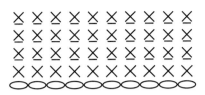

1 前段の目の頭の鎖の奥の半目に針を入れます。

2 手前の半目を残して細編みを編みます。

3 残した半目ですじ模様ができます。

長編みのすじ編み

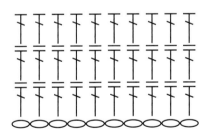

1 針先に糸をかけ、前段の目の頭の鎖の奥の半目に針を入れます。

2 手前の半目を残して長編みを編みます。

3 残した半目ですじ模様ができます。

増し目

1つの目に同じ編み目を複数編む編み方です。
目の数を2倍に増やしたりできます。

細編み2目編み入れる

1 立ち上がりの鎖1目を編みます。

2 前段で引き抜き編みした頭の鎖2本を拾い細編みを編みます。

3 細編みが1目編めました。

4 同じ目にもう1目細編みを編み入れます。

5 前段の細編みの頭の鎖2本に、細編みを2目ずつ編み入れ、ぐるりと編みます。

中長編み2目編み入れる

1 立ち上がりの鎖を2目編みます。※中長編みは立ち上がりの鎖をその段の1目めと数えます。

2 前段で引き抜き編みした頭の鎖2本を拾い、中長編みを編みます。

3 中長編み1目が編めました。※立ち上がりの鎖を1目と数えるので、これでこの目は2目編み入れたことになります。

4 となりの目にも中長編みを2目
　編み入れます。

5 前段の1目に中長編みを2目ず
　つ編み入れ、ぐるりと編みます。

長編み2目編み入れる

1 立ち上がりの鎖を3目編みま
　す。※長編みは立ち上がりの鎖
　を、その段の1目めと数えます。

2 前段で引き抜き編みした頭の鎖
　2本を拾い、長編みを編みます。

3 長編み1目が編めました。※立
　ち上がりの鎖を1目と数えるの
　で、これでこの目では2目編み
　入れたことになります。

4 となりの目にも長編みを2目編
　み入れます。

5 前段の1目に長編みを2目ずつ
　編み入れ、ぐるりと編みます。

細編み2目一度　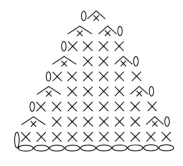

1 立ち上がりの鎖を1目編みます。※細編みは立ち上がりの鎖をその段の1目めとは数えません。

2 前段の頭の鎖2本を拾います。これを「未完成の細編み」といいます。

3 隣の目にもうーつ「未完成の細編み」を編みます。針に糸が3本かかっています。

4 針に糸をかけ、針にかかっている糸3本を矢印のように一度に引き抜きます。

5 「細編み2目一度」が編めました。

6 段の終わりに2目一度を編むときは、矢印のところに未完成の細編みを編みます。

7 未完成の細編みを2目編み、針に糸をかけて、針にかかっている糸3本を矢印のように引き抜きます。

8 段の終わりに細編み2目一度が編めました。

9 段の始めと終わりに細編み2目一度を編んで目数を減らし、編み地の幅が狭くなりました。

中長編み2目一度

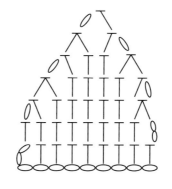

※中長編みの2目一度のときは、
　立ち上がりは鎖1目にします。

1 立ち上がりの鎖を1目編みます。※中長編みは立ち上がりの鎖をその段の1目めと数えます。

2 針に糸をかけ、前段の2目めの頭に針を入れ、糸を引き出します。これを「未完成の中長編み」といいます。

3 針に糸をかけ、針にかかっている糸3本を矢印のように一度に引き抜きます。

4 中長編み2目一度が編めました。

5 段の終わりに2目一度を編むときは、矢印のところに未完成の中長編みを編みます。

6 未完成の中長編みを2目編み、針に糸をかけて、針にかかっている糸5本を矢印のように引き抜きます。

7 段の終わりに中長編み2目一度が編めました。

8 段の始めと終わりに中長編み2目一度を編んで目数を減らし、編み地の幅が狭くなりました。

長編み2目一度　

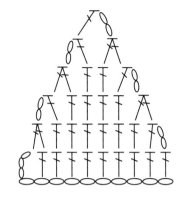

※長編みの2目一度のときは、
立ち上がりは鎖2目にします。

1 立ち上がりの鎖を2目編みます。※長編みは立ち上がりの鎖をその段の1目めと数えます。

2 針に糸をかけ、2目めに針を入れ未完成の長編みを編みます。

3 「未完成の長編み」ができたところ。針に糸をかけ、矢印のように針にかかっている糸を一度に引き抜きます。

4 長編み2目一度が編めました。

5 段の終わりに2目一度を編むときは、矢印のところに未完成の長編みを編みます。

6 未完成の長編み1目めを編みます。

7 未完成の長編みを2目編み、針に糸をかけて、針にかかっている糸3本を矢印のように引き抜きます。

8 段の終わりに長編み2目一度が編めました。

9 段の始めと終わりに長編み2目一度を編んで目数を減らし、編み地の幅が狭くなりました。

縁にポツっとできるかわいらしい模様がピコット編み。
編み目にできる「ハ」の字を拾って編みます。

ピコット

1 細編みを1目編みます。

2 続けて鎖を2目編みます。

3 鎖の根本の細編みの頭半目と足
1本に針を入れます。

4 細編みの頭半目と足1本に針を
入れたところです。

5 針に糸をかけて矢印のように引
き抜きます。

6 細編みの上に、鎖2目のピコッ
トができました。

7 細編み2目ごとにピコットを
編みました。

玉編みは名前のようにふっくらした模様になる編み方です。
未完成の編み目で作る模様編みです。

中長編み3目の玉編み

1 前段の目を1目飛ばして矢印の長編みの頭を拾います。

2 未完成の中長編みを編みます。

3 同じ目に、未完成の中長編みを計3目編みます。

4 針に糸をかけて、矢印のように一度に引き抜きます。

5 中長編み3目の玉編みが1つ編めました。

6 続けて鎖編みを1目編みます。

7 1〜6をくり返します。

束に編む場合

1 前段で編んだ鎖目の下に針を入れます。

2 鎖をくるむように編みます。

3 未完成の中長編みを3目編み、針に糸をかけて矢印のように引き抜きます。

4 中長編み3目の玉編みが1つ編めました。

5 続けて鎖編みを1目編みます。

6 1〜5をくり返します。

7 玉のような形に続いていきます。

▌長編み3目の玉編み

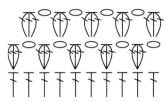 

1 前段の目を1目飛ばして矢印の長編みの頭を拾います。

2 未完成の長編みを編みます。

3 未完成の長編みが編めました。

4 同じ目に、未完成の長編みを計3目編みます。

5 針に糸をかけ、針にかかっている目を一度に引き抜きます。

6 長編み3目の玉編みが1つ編めました。

7 続けて鎖編みを1目編みます。

8 1〜7をくり返します。

▌束に編む場合

1 前段で編んだ鎖目の下に針を入れます。

2 鎖をくるむように編みます。

3 未完成の長編みを3目編みます。

4 針に糸をかけ、矢印のように引き抜きます。

5 長編み3目の玉編みが1目編めました。

6 続けて鎖編みを1目編みます。

7 1〜6をくり返します。

8 玉のような形に続いていきます。

本書で紹介した作品の編み方のポイントです。

| 4-a | ハートピアス

HOW TO MAKE P.76

※中長編み（ T ）はp.41、
　長編み（ T ）はp.42を参照。

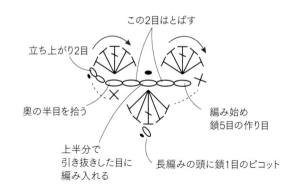

この2目はとばす
立ち上がり2目
奥の半目を拾う
上半分で
引き抜きした目に
編み入れる
編み始め
鎖5目の作り目
長編みの頭に鎖1目のピコット

■ 上半分を編む

1 作り目鎖5目を編みます。

立ち上がり2目

2 立ち上がりの鎖2目を編み、作り目の鎖の奥の半目を拾い、そこに編みつけます。

3 2に中長編み2目、長編み1目、中長編み2目を編みます。

4 1目とばして、鎖の奥の半目に引き抜き編みをします。

5 引き抜き編みをしたところです。

6 1目とばして、編み始めの目の奥の半目を拾います。

■ 下半分を編む

7 6に中長編み2目、長編み1目、中長編み2目を編みます。

8 7と同じ目に細編みを編みます。

9 5で引き抜き編みした目に針を入れます。

10 9に中長編みを2目編み入れます。

11 9に長編みを1目編みます。

12 鎖1目編みます。

13 長編みの頭1本と足1本に針を入れて引き抜き、ピコットを作ります。

14 ピコットができたところです。

15 9に中長編み2目を編みます。

16 2で拾った目に細編みを編みます。

17 立ち上がりの鎖の2目めの奥の半目に針を入れて引き抜きます。

18 編み上がりました。

19 編み始めの糸端をとじ針に通し、穴の開いた目のまわりの糸を拾います。

20 糸を引いて穴を絞り、糸を切ります。

4-d 立体ハートピアス

HOW TO MAKE P.78

② ①
③
ハート下部

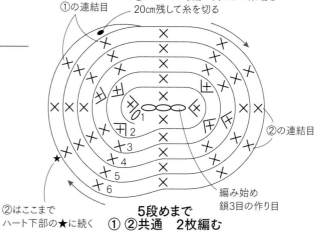

①の連結目
①の連結目 ①はここまで。編み終わりの糸端を20cm残して糸を切る
②の連結目
編み始め 鎖3目の作り目
②はここまで ハート下部の★に続く
5段めまで ①②共通 2枚編む

■ ①と②を編み、引き抜き編みでつなぐ

1 ①を編み、糸端を20cm残しておきます。②も編み、糸を切らずにループを引きのばし、いったん針をはずします。

2 ①②を並べて連結目に針を入れます。

3 ①の残した糸で引き抜き編みしてつなぎます。

4 引き抜いたところです。

5 隣の目の頭どうしに針を入れます。

6 鎖を1目編み安定させます。2つのモチーフがつながりました。※①の残り糸を使うのはこれで終了です。

7 ①の残り糸は①の中に詰めておきます。

8 ②のモチーフのループに針を戻します。

連結する目

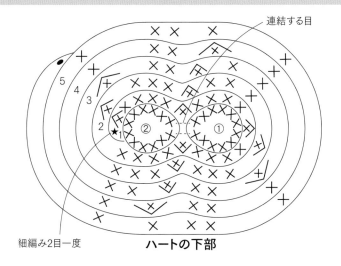

5 4 3 2 ★1 ② ①

細編み2目一度

ハートの下部

■ ハート下部を編む

1 編み図の★から編み始め、細編み2目一度、細編み4目を編んだところです。

2 ①と②のつなぎ目は細編み2目一度を編みます。

3 つなぎ目と両端を細編み2目一度で編み、あとは細編みに1目ずつ編みます。

4 編み図にしたがって、5段まで編みます。

5 わたを詰めます。

6 とじ針に糸を通し、頭の鎖の手前の半目をぐるりと拾います。

7 糸を引いて穴を閉じます。

8 穴がしっかりとじました。

9 残った糸はとじ針を中に刺して出し、ぎりぎりで糸を切ります。

10 立体のハートの完成です。

■ **フレンチノットステッチ**　とじ針に糸を通して刺しゅうをすればアクセントになります。

1 糸を表に出したら、針に1回巻きます。

2 1と同じ穴に針を入れ、裏へ引き抜きます。

3 フレンチノットステッチのでき上がりです。

同じ編み図を異なる太さの糸で編んでみると……？

編み物の本に必ず出てくる「ゲージ」。
作品をサイズ通りに編むための、目数と段数の基準となるものです。
本書の作品は、少し大きくなったり小さくなったりしても
問題ないデザインばかりなので、ゲージは載せていません。
まずはゲージについては気にせず、どんどん手を動かしてみましょう！

もし「もう少し大きくしたい」と思ったら、糸やかぎ針を太いものに替えてみましょう。
写真のように、大きさの異なるさまざまなハートモチーフも、すべて編み図は同じもの。
ひと通り編めるようになったら、同じ編み図の作品を、異なる太さの糸で編んでください。
印象がかわって楽しいですよ。

❶ ジュートラミー
（MARCHENART）
太さ2.0mm　col.553レッド
8/0号かぎ針

❷ ウールロービング（DARUMA）
col.8キャロット
7/0号かぎ針

❸ iroiro Roving（DARUMA）
col.118赤
6/0号かぎ針

❹ ニッティングコットン（DARUMA）
col.14ヴィンテージレッド
4/0号かぎ針

❺ iroiro（DARUMA）
col.37赤
2/0号かぎ針

❻ 刺し子糸〈合太〉（DARUMA）
col.213赤
6号レース針

4-e ブレスレット

HOW TO MAKE P.79

編み始め

ベースのブレード

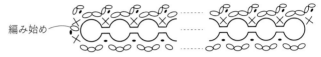

編み始め

縁編み

1 立ち上がり鎖3目、長編み3目の玉編みでベースを編みます。

2 縁編みはまず、長編みの足の穴に針を入れます。

3 細編みを1目編みつけます。

4 3に続けて鎖2目を編みます。

5 細編みの頭1本と足1本に針を入れて引き抜きます。

6 鎖2目のピコットが1目できました。

7 続けて、鎖2目を編みます。2～7をくり返します。

8 端は、細編み1目を編んだら鎖2目のピコットを編み、細編みを1目編みます。

9 鎖を3目編みます。

10 玉編みの足の穴に針を入れます。

11 引き抜き編みをします。

12 ブレスレットの縁取り模様ができ上がりました。

5-A | シュシュ

HOW TO MAKE P.80

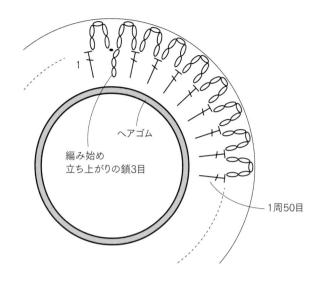

1

編み始め
立ち上がりの鎖3目

ヘアゴム

1周50目

1 ヘアゴムを編みくるみます。右手に糸とヘアゴムを持ち、針をヘアゴムの輪へ入れます。

2 針に糸をかけます。

3 ヘアゴムから引き出します。

4 さらに針に糸をかけ、矢印のように引き抜きます。

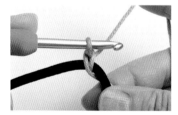

5 これで糸とヘアゴムがつながりました。ここは1目とは数えません

6 鎖を立ち上がりの鎖3目とかざりになる鎖5目の計8目編みます。

7 針に糸をかけてから、ヘアゴムに針を入れます。

8 長編みを編みます。

9 鎖を5目編んだら、7、8と同様に長編みでヘアゴムに編みつけます。

5-B シュシュ

HOW TO MAKE P.80

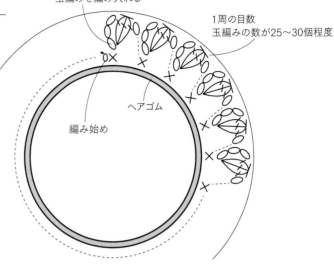

鎖の1目めに長編み3目の
玉編みを編み入れる

1周の目数
玉編みの数が25〜30個程度

へアゴム

編み始め

1 Aの1〜5と同様にヘアゴムと
糸をつなげ、鎖を1目編みます。

2 ヘアゴムに針を入れ細編みを1
目編みます。

3 立ち上がりの鎖を3目編みま
す。

4 針に糸をかけ、鎖の1目めに針
を入れ、未完成の長編みを編み
ます。

5 同じところに未完成の長編みを
3目編みます。

6 針に糸をかけ、矢印のように引
き抜きます。

7 長編み3目の玉編みが編めまし
た。

8 鎖を1目編み、玉編みを安定さ
せます。

9 2〜8をくり返します。

8 | ミトンの親指

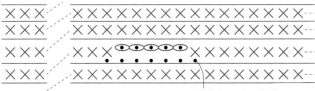

親指編み出し位置

■ 親指穴の作り方

1 親指穴の位置まで編めたら、鎖を5目編みます。

2 鎖を5目編んだら、前段の細編みを5目とばして、次の細編みの頭を拾います。

3 細編みを編みます。

手前の半目

4 ぐるりと編み進めたら、鎖の奥の半目と裏山を拾います。手前の半目は残します。

5 針を入れます。

6 細編みを5目編みます。

7 続けて、編み図にしたがって最終段まで編みます。

■ 親指部分の拾い方

1 穴の横の細編みの根本に針を入れ、針先に糸をかけます。

2 糸を引き出します。

3 立ち上がりの鎖を1目編み、細編みを1目編みます。

4 穴の縁部分の細編みの頭を拾い細編みを5目編みます。

5 穴の横の細編みの根本へ針を入れて細編みを1目編みます。

6 編み地を逆さにして編みます。穴をあけるときに残した鎖の手前の半目を拾います。

7 細編みを5目編みます。これで親指の1段めが編めました。

8 編み地を返します。2段め以降は立ち上がりなしでらせん状に編み図にしたがって編み進めます。

■ 糸の替え方

次の段から糸を替えるとき

1 次の段から別の糸に替えるときの方法です。

2 替える糸を用意します。

3 引き抜く細編みの頭に針を入れ、新しい糸を針にかけます。

4 引き抜きます。

5 新しい糸で編み始めます。

6 色が替わった糸で1段編んだところです。

段の途中で糸を替えるとき

1 段の途中で糸がなくなりそうなときなどの糸の替え方です。

2 細編みの場合、最後の糸を引き抜くところで、新しい糸を針にかけます。

3 新しい糸を引き抜きます。

4 新しい糸で編み進めます。

5 新しい糸の細編みが編めました。

6 続けて編んでいきます。

PART

3

HOW TO MAKE

この本で紹介した作品のレシピです。
糸は、この本の通りでなくて大丈夫。
好きな糸に出会ったら、
その糸で編んでみてください。

1 | エコたわし

PHOTO P.6 | a > 雲　b > おうち

a　　　　b

[材料]

a > 雲

[糸] カフェキッチン（DARUMA）
　　　1 きなり（ベース）
　　　20 コバルトブルー（ステッチ）

[針] 8/0号かぎ針

[でき上がりサイズ] 8cm×9cm

b > おうち

[糸] カフェキッチン（DARUMA）
　　　52 ネオングリーン
　　　20 コバルトブルー

[針] 8/0号かぎ針

[でき上がりサイズ] 12cm×8cm

[編み方]

a > 雲

1　鎖8目の作り目をして、細編み8目×6段を編みます。

2　編み図を参照して縁編みを1周編みます。

3　引き抜き編みで1周ステッチし、鎖10目でループを作り、引き抜き編みでとめます。

b > おうち

1　鎖10目の作り目をして、細編み10目×8段を編みます。

2　糸の色を替えて、両端で減らし目をしながら9段編みます。

3　図を参照して、同色の糸で引き抜き編みでステッチします。

4　鎖10目のループを作り、引き抜き編みでとめます。

b おうち

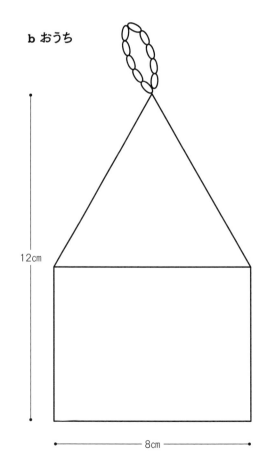

12cm

8cm

a 雲

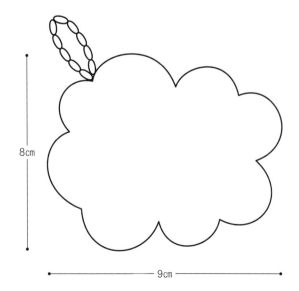

8cm

9cm

a 雲

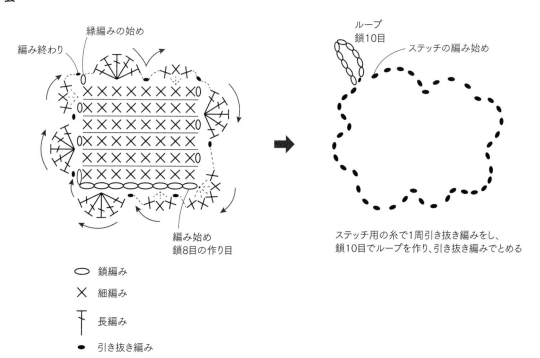

縁編みの始め

編み終わり

ループ
鎖10目

ステッチの編み始め

編み始め
鎖8目の作り目

ステッチ用の糸で1周引き抜き編みをし、
鎖10目でループを作り、引き抜き編みでとめる

⬭	鎖編み
✕	細編み
⊤	長編み
●	引き抜き編み

b おうち

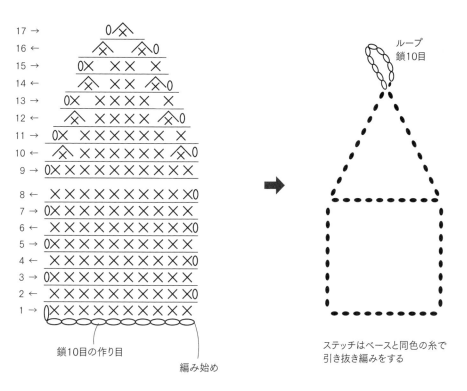

17 →
16 ←
15 →
14 ←
13 →
12 ←
11 →
10 ←
9 →
8 ←
7 →
6 ←
5 →
4 ←
3 →
2 ←
1 →

鎖10目の作り目

編み始め

ループ
鎖10目

ステッチはベースと同色の糸で
引き抜き編みをする

| ⬭ | 鎖編み | ⋀ | 細編み2目一度 |
| ✕ | 細編み | ● | 引き抜き編み |

1 エコたわし

[材料]

c ▸ うずまき

[糸] ● グリーン系
カフェキッチン（DARUMA）
52ネオングリーン（ベース）
1 きなり（ステッチ）

● ブルー系
カフェキッチン（DARUMA）
20コバルトブルー（ベース）
22ネオンピンク（ステッチ）

[針] 8/0号かぎ針

[でき上がりサイズ] 直径9cm

d ▸ 花まる

[糸] カフェキッチン（DARUMA）
22ネオンピンク（ベース）
52ネオングリーン（ステッチ）

[針] 8/0号かぎ針

[でき上がりサイズ] 8cm×9cm

[編み方]

c ▸ うずまき

1 わの作り目に細編み8目を編み入れます（1段め）。

2 立ち上がりの鎖なしで、増し目をしながらうずまき状に5段編み、引き抜き編みでとめます。

3 ステッチ用の糸で、編み始めのわの中心から、うずまき状に引き抜き編みでステッチします。

4 3に続けて鎖10目のループを作り、引き抜き編みでとめます。

d ▸ 花まる

1 わの作り目に細編み7目を編み入れます（1段め）。

2 立ち上がりの鎖なしで、増し目をしながらうずまき状に3段編みます。

3 続けて長編み6目の花びらを扇形に5枚編み、引き抜き編みでとめます。

4 ステッチ用の糸で、編み始めのわの中心から、引き抜き編みでうずまき状にステッチし、続けて花びらの輪郭をステッチします。

5 4に続けて鎖10目のループを作り、引き抜き編みでとめます。

c うずまき

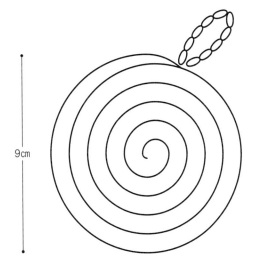

9cm

d 花まる

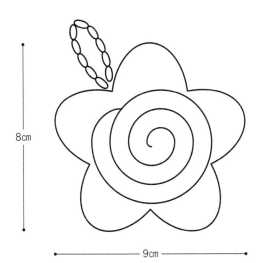

8cm

9cm

c うずまき

段	目数
5	40
4	32
3	24
2	16
1	8

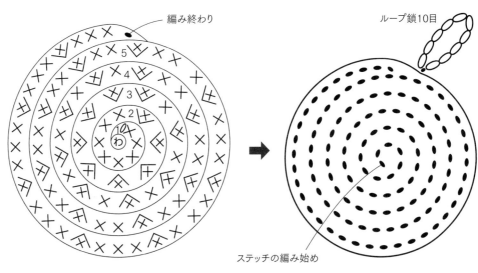

編み終わり

ループ鎖10目

ステッチの編み始め

○ 鎖編み

× 細編み

☇ 細編み2目編み入れる

● 引き抜き編み

p.39を参照しステッチ用の糸で、
作り始めのわから
うずまき状に引き抜き編みでステッチ
続けて鎖10目のループを作り
引き抜き編みでとめる

d 花まる

段	目数
4	縁編み
3	21
2	14
1	7

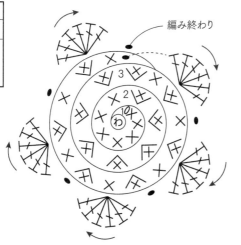

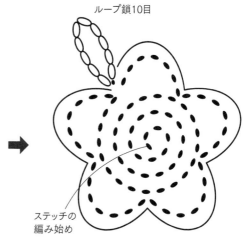

編み終わり

ループ鎖10目

ステッチの
編み始め

○ 鎖編み

× 細編み

☇ 細編み2目編み入れる

┃ 長編み

● 引き抜き編み

p.39を参照しステッチ用の糸で、
作り始めのわから
うずまき状に引き抜き編みでステッチ
続けて花びらの輪郭をステッチ
続けて鎖10目のループを作り
引き抜き編みでとめる

2 ミニポーチ

[材料]

a

[糸]ニッティングコットン（DARUMA）
　　A色：11 ミント　8g
　　B色：14 ヴィンテージレッド　6g
　　C色：13 ハニーマスタード　5g
[針]6/0号かぎ針
[でき上がりサイズ]10cm×8.5cm

b

[糸]空気をまぜて糸にした
　　ウールアルパカ（DARUMA）
　　A色：10 ネイビー×きなり　5g
　　B色：1 きなり　4g
　　C色：12 カナリヤ　3g
[針]5/0号かぎ針
[でき上がりサイズ]8cm×7cm

[編み方]※a、b共通

1 A色でわの作り目に細編み6目を編み入れます（1段め）。

2 立ち上がりの鎖1目を編み、増し目をしながら11段めまで編み進めます。

3 B色に替えて、12段め～16段めは細編みのすじ編みを編みます。

4 C色に替えて、17段めは細編みのすじ編み、18段めは長編み、19段めは細編み、20段めは縁編み（細編み2目ごとに鎖2目のピコット）を編みます。

5 ひもはA色の糸で45目の鎖を2本編みます。

6 両側からひもを引くように2本のひもを通します。

7 B色の糸でかざり玉を編みます。わの作り目に細編み6目編み入れ、2段めで12目に増し目をし円形を作ります。円形をひもの結び目にかぶせ、ぬい絞ってとじます。

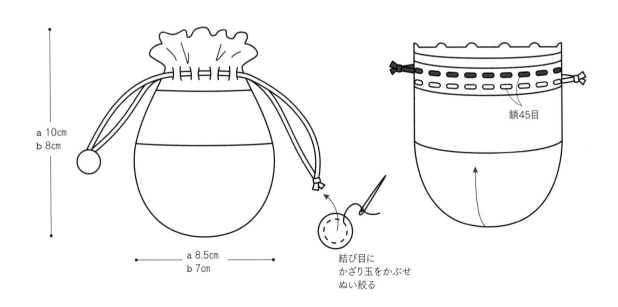

a 10cm
b 8cm

a 8.5cm
b 7cm

鎖45目

結び目に
かざり玉をかぶせ
ぬい絞る

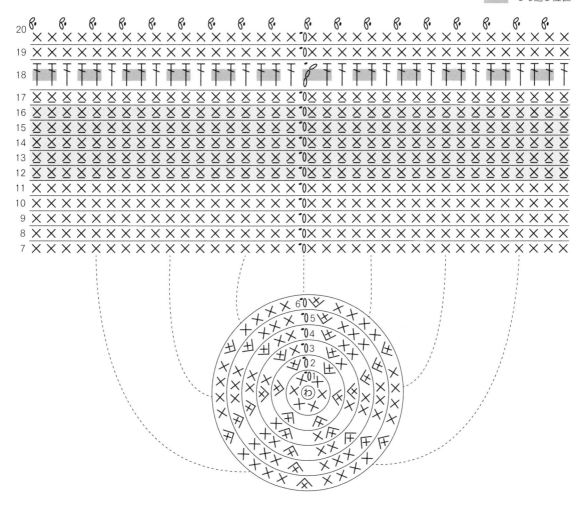

段	目数	編み方	色
20	36	縁編み	C色
19	36	細編み	
18	36	長編み	
17	36	細編みのすじ編み	
16 ～ 12	36	細編みのすじ編み	B色
11 ～ 6	36	細編み	A色
5	30		
4	24		
3	18		
2	12		
1	6		

記号の説明：

- ⬭ 鎖編み
- ✕ 細編み
- ⤬ 細編みのすじ編み
- ⩔ 細編み2目編み入れる
- ┬ 長編み
- • 引き抜き編み
- ✿ 鎖2目のピコット

ひも（A色）

◯◯◯◯ --- ◯◯◯

←─── 45目 ───→

かざり玉（B色）

ミルククラウンの小物入れ

a b

[材料]

a

> [糸]手つむぎ風タム糸(DARUMA)
> 1 きなり 11g
> [針]7/0号かぎ針
> [でき上がりサイズ]外径8cm、
> 内径5.5cm×高さ4.5cm

b

> [糸]iroiro(DARUMA) 2本どり
> 19 ブルーハワイ 10g
> [針]6/0号かぎ針
> [でき上がりサイズ]外径6.5cm、
> 内径4.5cm×高さ4cm

[編み方]

※aは1本どり、bは2本どりで編みます。

1 わの作り目に細編み8目を編み入れます(1段め)。

2 立ち上がりの鎖1目を編み、増し目をしながら細編みを3段編みます(2〜4段め)。

4 細編みのすじ編みで1周32目で増減なく4段編みます(5〜8段め)。

5 細編みで1周32目で増減なく3段編みます(9〜11段め)。

6 右図のように4目ごとにピコットを作りながら、細編みを1段編みます(12段め)。

> ※ピコット…鎖3目で立ち上がり、1目めの鎖目に長編み3目の玉編みを編み、細編みの頭1本と足1本に針を入れて引き抜きます(p.59の**6**参照)。

7 ピコットを手前に倒して、細編みのすじ編み1段(13段め)、さらに細編み1段(14段め)を編みます。

8 糸端を40cmほど残して切り、ピコットより上の編み地を内側に折り返してとじ針で目立たないようにまつりつけます。

※編むときに見える面(編み地の表面)は、カップの外側になります。

まとめ方

2段を内側に折り返す

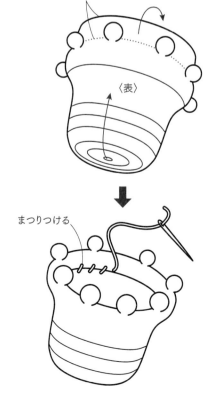

〈表〉

まつりつける

外径
a 8cm
b 6.5cm

内径
a 5.5cm
b 4.5cm

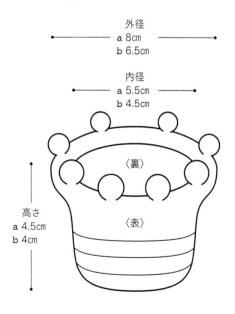

〈裏〉

〈表〉

高さ
a 4.5cm
b 4cm

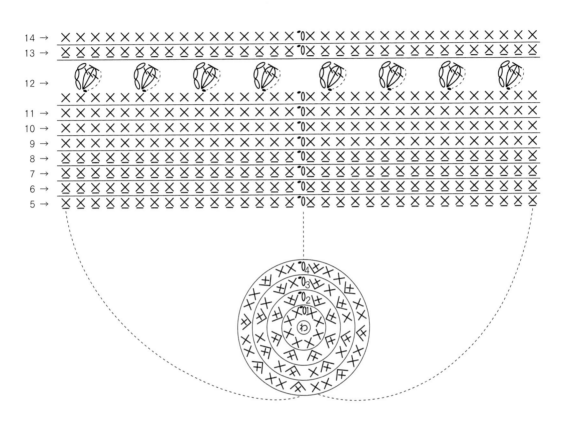

段	目数	編み方
14	32	細編み
13	32	細編みのすじ編み
12	32	4目ごとに ピコット入れ細編み
11 〜 9	32	細編み
8 〜 5	32	細編みのすじ編み
4 3 2 1	32 24 16 8	細編み

◯ 鎖編み

✕ 細編み

✕ 細編みのすじ編み

ᗐ 細編み2目編み入れる

⧘ 長編み3目の玉編み

● 引き抜き編み

3 ミルククラウンの小物入れ

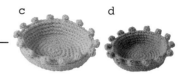
c　d

[材料]

c

[糸]ジュートラミー（MARCHENART）
　552 ホワイト 75g

[針]8／0号かぎ針

[でき上がりサイズ]外径14.5cm、
　内径12cm×高さ3.5cm

d

[糸]iroiro Roving（DARUMA）
　102 オートミール 40g

[針]7／0号かぎ針

[でき上がりサイズ]外径12cm、
　内径10cm×高さ3cm

[編み方]※c、d共通

1　わの作り目に細編み7目を編み入れます（1段め）。

2　立ち上がりの鎖なしで、増し目をしながらうずまき状に細編みを8段めまで編みます（2～8段め）。

3　細編みで1周56目で増減なく11段めまで編みます（9～11段め）。

4　右図のように4目ごとにピコットを作りながら、細編みを1段編みます（12段め）。

　※ピコット…鎖3目で立ち上がり、1目めの鎖目に長編み3目の玉編みを編み、細編みの頭1本と足1本に針を入れて引き抜きます（p.59の**6**参照）。

5　ピコットを手前に倒して、細編み1段（13段め）、さらに細編み3段（14～16段め）を編みます。

6　糸端を50cmほど残して切り、編み地の表面を上にし、ピコットより上の編み地を裏側に折り返してとじ針で目立たないようにまつりつけます。

※編むときに見える面（編み地の表面）は、トレーの内側になります。

まとめ方

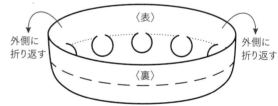

〈表〉
外側に折り返す　外側に折り返す
〈裏〉

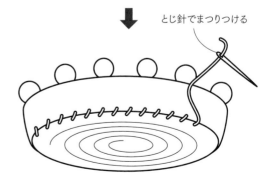

とじ針でまつりつける

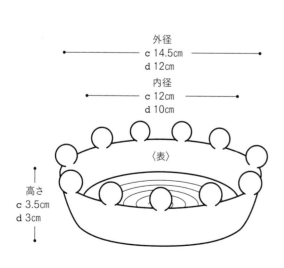

外径
c 14.5cm
d 12cm

内径
c 12cm
d 10cm

〈表〉

高さ
c 3.5cm
d 3cm

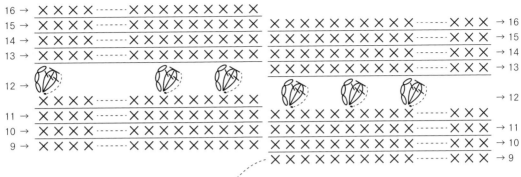

段	目数	編み方
16 〜 13	56	細編み
12	56	4目ごとに ピコット入れ 細編み
11 〜 9	56	細編み
8	56	細編み
7	49	
6	42	
5	35	
4	28	
3	21	
2	14	
1	7	

◯ 鎖編み

✕ 細編み

ⓌＷ 細編み2目編み入れる

⊕ 長編み3目の玉編み

● 引き抜き編み

75

4 | アクセサリー

| PHOTO P.10 | a > ハートピアス　　b > スクエアモチーフピアス

[材料]

a > ハートピアス

[糸]ステンレスコード0.6mmタイプ
（MARCHENART）
711 アンティークゴールド
712 アンティークシルバー

[針]2/0号かぎ針

[その他の材料]丸カン　ピアス金具
各1個

[その他の道具]ヤットコ

[でき上がりサイズ]本体1.5cm×2cm

b > スクエアモチーフピアス

[糸]アミレザーコード
（MARCHENART）
1291 ナチュラル

[針]3/0号かぎ針

[その他の材料]丸カン　ピアス金具
各1個

[その他の道具]ヤットコ

[でき上がりサイズ]3cm×3cm

[編み方]

a > ハートピアス

※p.54-55プロセス解説参照

1 p.54-55を参照し、ハートのモチーフを編み、続けて縁まわり一周を引き抜き編みステッチします。

2 丸カンを編み目に通してピアス金具をとりつけます。

b > スクエアモチーフピアス

1 鎖5目の作り目から、細編み5目×5段を編みます。

2 丸カンを編み目に通してピアス金具をとりつけます。

● 引き抜き編み

◯ 鎖編み

✕ 細編み

⊤ 中長編み

𝖳 長編み

a

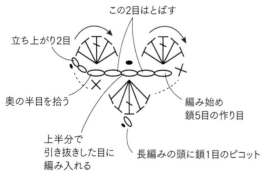

この2目はとばす
立ち上がり2目
奥の半目を拾う
上半分で
引き抜きした目に
編み入れる
編み始め
鎖5目の作り目
長編みの頭に鎖1目のピコット

b

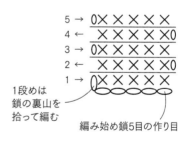

5 → 0✕✕✕✕✕
4 ← ✕✕✕✕✕0
3 → 0✕✕✕✕✕
2 ← ✕✕✕✕✕0
1 → 0✕✕✕✕✕

1段めは
鎖の裏山を
拾って編む

編み始め鎖5目の作り目

まとめ方

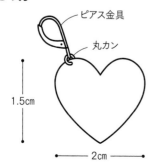

ピアス金具
丸カン
1.5cm
2cm

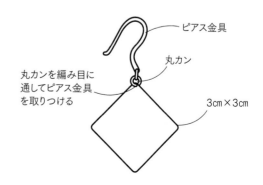

ピアス金具
丸カン
丸カンを編み目に
通してピアス金具
を取りつける
3cm×3cm

4 | アクセサリー

PHOTO P.10 | C ▸ ボールモチーフイヤリング

[材料]

[糸]iroiro(DARUMA) 29 カナリヤ(本体)
　　ラメのレース糸＃30(DARUMA)
　　2 シルバー(刺しゅう)
[針]2/0号かぎ針
[その他の材料]わた
　　丸カン　イヤリング金具　各1個
[その他の道具]ヤットコ
[でき上がりサイズ]本体直径1.5cm

[編み方]

1　iroiro 1本どりでわの作り目に細編み6目を編み入れます(1段め)。

2　立ち上がりの鎖なしで、うずまき状に細編みを図のように編みます(2～6段め)。

3　わたを詰めて、編み終わりの糸端で最終段の9目を絞ってとじます。

4　ラメのレース糸1本どりで球体の表面にフレンチノットステッチを刺します。

5　丸カンを編み目に通してイヤリング金具をとりつけます。

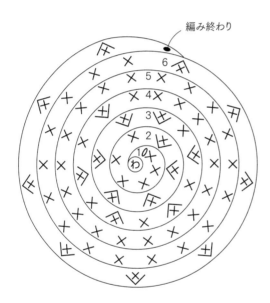

段	目数
6	9
5 4 3	18
2	12
1	6

◯ 鎖編み

✕ 細編み

細編み2目編み入れる

細編み2目一度

まとめ方

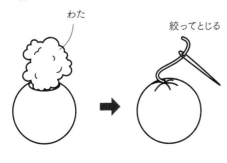

わた

絞ってとじる

丸カンを編み目に通し
イヤリング金具をとりつける

1.5cm

ボール部分:iroiro1本どり

刺しゅう:フレンチノットステッチ(p.58参照)
ラメのレース糸1本どり

4 ｜ アクセサリー

｜ PHOTO P.10 ｜ d ▸ 立体ハートピアス

[材料]

[糸]ラメのレース糸＃30（DARUMA）
　　1 ゴールド（本体）
　　リネンラミーコットン中細（DARUMA）
　　106 ペールグリーン（刺しゅう）
[針]2／0号かぎ針
[その他の材料]わた
　　丸カン　ピアス金具　各1個
[その他の道具]ヤットコ
[でき上がりサイズ]本体2.7cm×3.5cm

[編み方]

※p.56-58プロセス解説参照

1　p.56-57を参照し、ラメのレース糸2本どりで本体を編みます。図のように①、②のモチーフを編み、①の編み終わりの糸端で①、②のモチーフを連結します。②に続けてハートの下部分を編み、わたを詰めて最終段を糸で引きしめます。

2　p.58を参照し、リネンラミーコットン中細1本どりで、フレンチノットステッチを刺します。

3　丸カンを編み地に通し、ピアス金具をつけます。

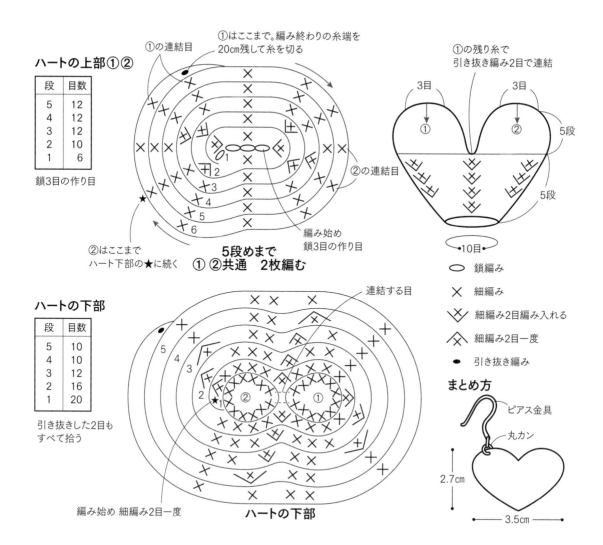

ハートの上部①②

段	目数
5	12
4	12
3	12
2	10
1	6

鎖3目の作り目

①の連結目
①はここまで。編み終わりの糸端を20cm残して糸を切る
②の連結目
②はここまでハート下部の★に続く
編み始め 鎖3目の作り目
5段めまで　①②共通　2枚編む

①の残り糸で引き抜き編み2目で連結
3目　3目
①　②
5段　5段
10目

ハートの下部

段	目数
5	10
4	10
3	12
2	16
1	20

引き抜きした2目もすべて拾う

連結する目
編み始め 細編み2目一度
ハートの下部

〇 鎖編み
✕ 細編み
Ｖ 細編み2目編み入れる
人 細編み2目一度
● 引き抜き編み

まとめ方

ピアス金具
丸カン
2.7cm
3.5cm

4 | アクセサリー

| PHOTO P.10 | e › ブレスレット

[材料]

[糸] ● A配色
　　　ラメのレース糸 #30（DARUMA）
　　　2 シルバー 2本どり（ブレード）
　　　ラメのレース糸 #30（DARUMA）
　　　4 ホワイト 2本どり（縁編み）
　　　● B配色
　　　マイクロマクラメコード（MARCHENART）
　　　1446マゼンタ 1本どり（ブレード）
　　　マイクロマクラメコードシャイニー
　　　（MARCHENART）1742シルバー 1本どり（縁編み）

[針] 2/0号かぎ針

[その他の材料] 丸カン　レバーカン

[でき上がりサイズ] 長さ18cm

[編み方]

※p.59プロセス解説参照

1　ブレード用の糸でベースのブレードを編みます。鎖3目の立ち上がりを編み、1目めの鎖の裏山に長編み3目の玉編みを編み入れ、これを18回くり返します。

2　p.59を参照し、縁編み用の糸で縁編みをします。

3　端に丸カン、レバーカンをつけます。

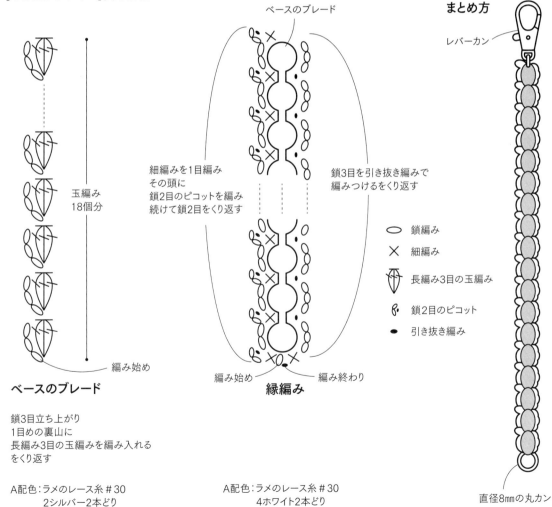

ベースのブレード

細編みを1目編み
その頭に
鎖2目のピコットを編み
続けて鎖2目をくり返す

鎖3目を引き抜き編みで
編みつけるをくり返す

まとめ方

レバーカン

玉編み
18個分

編み始め

縁編み

編み始め　　　編み終わり

ベースのブレード

鎖3目立ち上がり
1目めの裏山に
長編み3目の玉編みを編み入れる
をくり返す

◯	鎖編み
×	細編み
⬍	長編み3目の玉編み
8	鎖2目のピコット
●	引き抜き編み

直径8mmの丸カン

A配色：ラメのレース糸 #30
　　　2シルバー2本どり
B配色：マイクロマクラメコード
　　　1446マゼンタ1本どり

A配色：ラメのレース糸 #30
　　　4ホワイト2本どり
B配色：マイクロマクラメコードシャイニー
　　　1742シルバー1本どり

5 シュシュ2種

| PHOTO P.11 |

[材料]

A

[糸] **a** リネンラミーコットン中細（DARUMA）
107 ブリック 5g（ベース）
ラメのレース糸 #30（DARUMA）
1 ゴールド（2本どり）5g（縁編み）

b リネンラミーコットン中細（DARUMA）
106 ペールグリーン 5g（ベース）
ラメのレース糸 #30（DARUMA）
2 シルバー（2本どり）5g（縁編み）

[針] 3/0号かぎ針

[その他の材料] ヘアゴム

[でき上がりサイズ] 直径約8㎝

B

[糸] **a** ギーク（DARUMA）
2 ブルー×クロムイエロー 10g

b ポンポンウール（DARUMA）
9 ホワイト×ブルー 10g

[針] 6/0号かぎ針

[その他の材料] ヘアゴム

[でき上がりサイズ] 直径約9㎝

[編み方]

A ※a、b共通

※p.60プロセス解説参照

1 編み図を参照してベースの糸でヘアゴムを編みくるむように編みます。1周の目数は50目程度。

2 2段めは縁編みの糸に替え、細編みはベースの鎖を束に編みます。

B ※a、b共通

※p.61プロセス解説参照

1 編み図を参照してヘアゴムを編みくるむように編みます。1周の目数は玉編みの数が25〜30個程度。

2 ゴムの大きさによって目数は変わりますが、一周編みくるみ、最後の玉編みと鎖1目編んだら、編み始めの細編みの頭に引き抜き編みでつなぎます。

※糸始末は同じ色の編み地に糸をくぐらせます。ゴムのほうには入れないように。

A

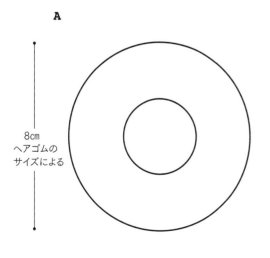

8cm
ヘアゴムの
サイズによる

B

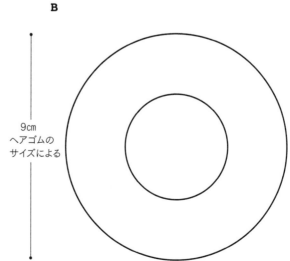

9cm
ヘアゴムの
サイズによる

A

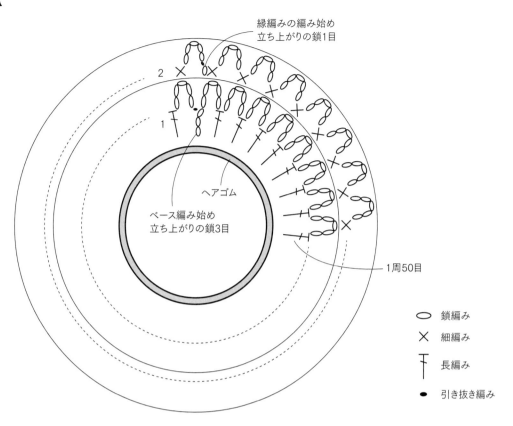

縁編みの編み始め
立ち上がりの鎖1目

2

1

ヘアゴム

ベース編み始め
立ち上がりの鎖3目

1周50目

○ 鎖編み

× 細編み

† 長編み

● 引き抜き編み

B

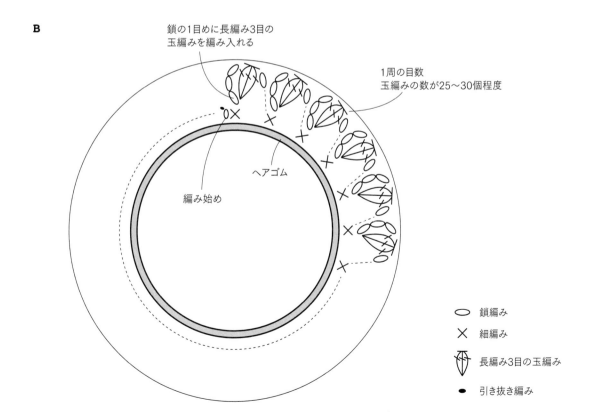

鎖の1目めに長編み3目の
玉編みを編み入れる

1周の目数
玉編みの数が25〜30個程度

ヘアゴム

編み始め

○ 鎖編み

× 細編み

⬧ 長編み3目の玉編み

● 引き抜き編み

6 | アームカバー

| PHOTO P.12 |

[材料]

[糸]カーリーコットン
　　2イエロー 60g
[針]5/0号かぎ針
　　（作り目6/0かぎ針）
[でき上がりサイズ]
　　腕まわり20cm
　　手のひらまわり27cm
　　長さ28cm

[編み方]

1 ゆるめの鎖編み（5/0号かぎ針でゆるく編むか、6/0号かぎ針で編む）で作り目36目を編み、わにつなぎます。立ち上がりの鎖3目を編み、長編みを1段編みます。

2 2段めからは長編みのすじ編みにして増減なしで18段めまで編みます。

3 図を参照して中長編み3目の玉編み模様を6段編みます（19〜24段め）。
玉編みの間の鎖目を、19〜20段めは鎖1目、21〜24段めは鎖2目にします。

4 25段めは縁編み（細編み3目ごとに鎖2目のピコット）を編みます。

5 新しい糸をつけ、編み始め側にも縁編みを1段（細編み2目ごとに鎖2目のピコット）編みます。

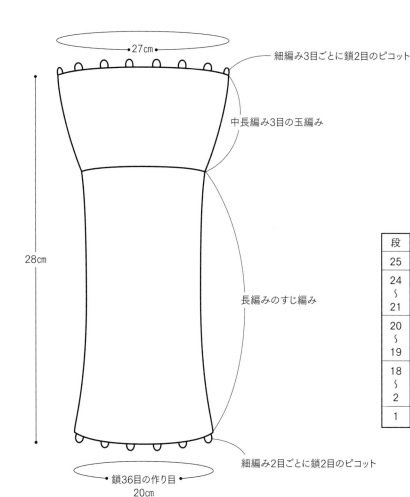

27cm

細編み3目ごとに鎖2目のピコット

中長編み3目の玉編み

28cm

長編みのすじ編み

細編み2目ごとに鎖2目のピコット

鎖36目の作り目
20cm

段	目数	編み方
25	36	縁編み
24〜21	36	中長編み3目の玉編み模様（間の鎖2目）
20〜19	36	中長編み3目の玉編み模様（間の鎖1目）
18〜2	36	長編みのすじ編み
1	36	長編み

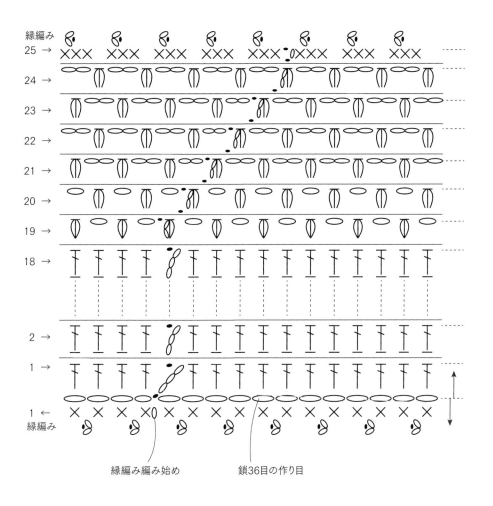

縁編み
25 →

24 →

23 →

22 →

21 →

20 →

19 →

18 →

2 →

1 →

1 ←
縁編み

縁編み編み始め   鎖36目の作り目

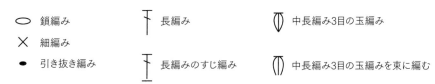

⬭ 鎖編み	長編み	中長編み3目の玉編み
✕ 細編み		
● 引き抜き編み	長編みのすじ編み	中長編み3目の玉編みを束に編む

7 | 麦わら帽風クロッシェ

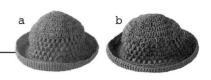
a　b

PHOTO P.13

[材料]

[糸] a　マニラヘンプヤーン
　　　　　（MARCHENART）
　　　　　495 カナリーイエロー 60g
　　　　b　マニラヘンプヤーン
　　　　　（MARCHENART）494 リネン 60g

[針] 8／0号かぎ針

[でき上がりサイズ]
　　頭まわり58cm
　　深さ17cm

[編み方] ※a、b共通

1　わの作り目に長編みを12目編み入れます（1段め）。

2　増し目をしながら6段めまで編みます。

3　7〜11段めは、中長編み3目の玉編み（間に鎖1目）を増減なしで編みます。

4　12段めは細編みを1段編みます（11段めの玉編みの頭に1目、鎖目の部分は束に2目編み入れます）。

5　13〜20段めは細編みのすじ編みで増減なしで編みます。

6　21段めは引き抜き編みを1段編みます。

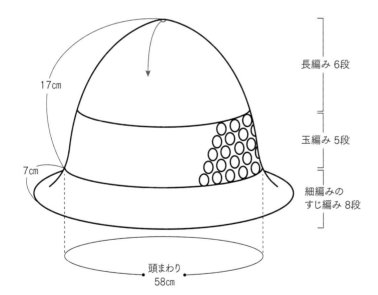

17cm

7cm

長編み 6段

玉編み 5段

細編みの
すじ編み 8段

頭まわり
58cm

段	目数	編み方
21	108	引き抜き編み
20 〜 13	108	細編みのすじ編み
12	108	細編み
11 〜 7	72	中長編み3目の 玉編み模様
6	72	長編み
5	60	
4	48	
3	36	
2	24	
1	12	

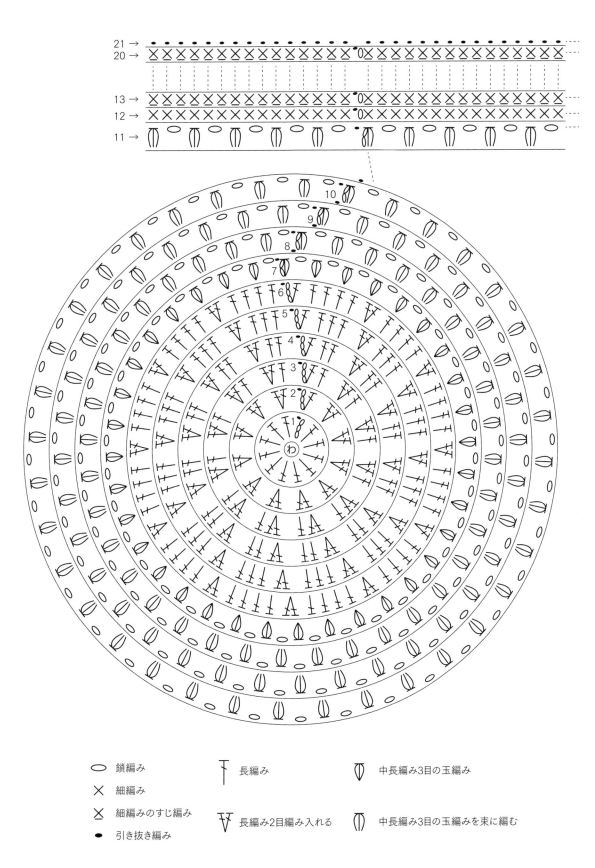

⬭ 鎖編み	〒 長編み	⬯ 中長編み3目の玉編み
✕ 細編み		
✕ 細編みのすじ編み		
● 引き抜き編み	长 長編み2目編み入れる	⬯ 中長編み3目の玉編みを束に編む

ミトン

[材料]

[糸]a　ポンポンウール（DARUMA）
　　　12 スペースブルー×グレー 40g
　　　ギーク（DARUMA）
　　　5 トマト×ブルー 50g
　　 b　ポンポンウール（DARUMA）
　　　8 チョコレート×グリーン 40g
　　　ギーク（DARUMA）
　　　9 レモン×コバルトグリーン 50g
[針] 9／0号かぎ針
[でき上がりサイズ]
　　　長さ30cm　手のひらまわり24cm

[編み方]※a、b共通

※p.62-63プロセス解説参照

1　ポンポンウールでゆるめの鎖編みで作り目32目を編み、わに
　　つなぎます。1段めは鎖の裏山を拾って細編みを編みます。
　　2段め以降は立ち上がりなしで続けてらせん状に編み進め、
　　増減なしで15段編みます。

2　ギークに糸を替えて、さらに10段編みます（16〜25段め）。

3　26段めは親指用の穴を、鎖5目で作ります。

4　さらに増減なしで18段編み（27〜44段め）、編み図を参照し
　　て減らし目をしながら6段編み（45〜50段め）、最終段を絞っ
　　てとじます。

5　p.63を参照し、親指穴から12目を拾い、増減なしで11段編み、
　　12段めで8目に減らし目し、最終段を絞ってとじます。

※同じものを左右2つ編みます。

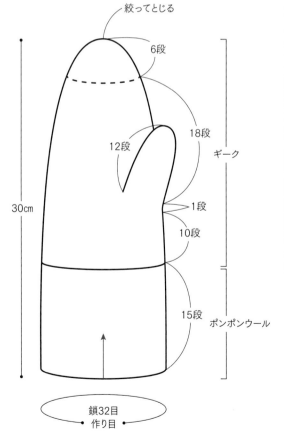

段	目数	糸
50 49	8	
48 47	16	
46 45	24	
44 〜 27	32	ギーク
26	指穴作る	
25 〜 16	32	
15 〜 1	32	ポンポンウール

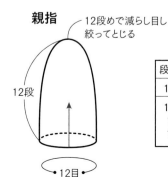

親指

段数	目数	糸
12	8	
11 〜 1	12	ギーク

本体

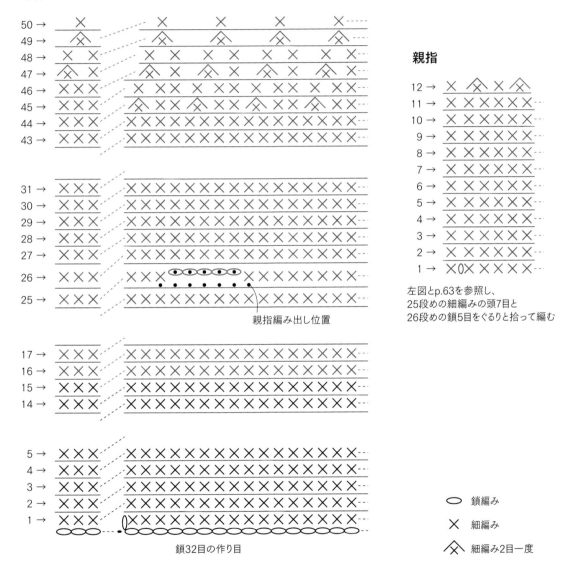

親指の編み方：

50 →
49 →
48 →
47 →
46 →
45 →
44 →
43 →

31 →
30 →
29 →
28 →
27 →
26 →
25 →

親指編み出し位置

17 →
16 →
15 →
14 →

5 →
4 →
3 →
2 →
1 →

鎖32目の作り目

親指

12 →
11 →
10 →
9 →
8 →
7 →
6 →
5 →
4 →
3 →
2 →
1 →

左図とp.63を参照し、
25段めの細編みの頭7目と
26段めの鎖5目をぐるりと拾って編む

⬭ 鎖編み

✕ 細編み

⋀ 細編み2目一度

9 | キャップ

a b

[材料]

[糸]a ポンポンウール（DARUMA）
　　　　12 スペースブルー×グレー 50g
　　　　ギーク（DARUMA）
　　　　5 トマト×ブルー 40g

　　　b ポンポンウール（DARUMA）
　　　　8 チョコレート×グリーン 50g
　　　　ギーク（DARUMA）
　　　　9 レモン×コバルトグリーン 40g

[針]9/0号かぎ針

[でき上がりサイズ]
　　　長さ27㎝　かぶり口の頭囲　64㎝

[編み方]※a、b共通

1 ポンポンウールでゆるめの鎖編みで作り目80目を編み、
わにつなぎます。鎖目の裏山を拾って細編みを編み、2段
め以降は立ち上がりなしでらせん状に編み進め、増減なし
で15段編みます。

2 ギークに糸を替えて、編み図を参照し、減らし目しながら
ぐるぐる編み進めます。

3 最終段を絞ってとじます。

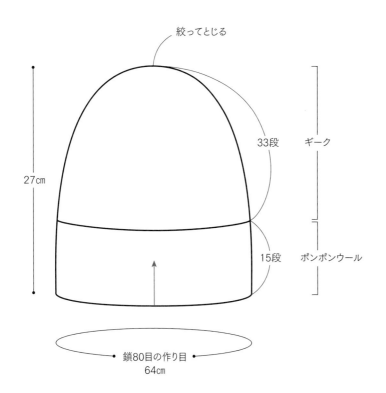

絞ってとじる

27㎝

33段　ギーク

15段　ポンポンウール

鎖80目の作り目
64㎝

段	目数	糸
48	8	
47	16	
46	24	
45 44	32	
43 42	40	
41 〜 38	48	ギーク
37 〜 34	56	
33 〜 28	64	
27 〜 22	72	
21 〜 16	80	
15 〜 1	80	ポンポンウール

鎖80目の作り目

88

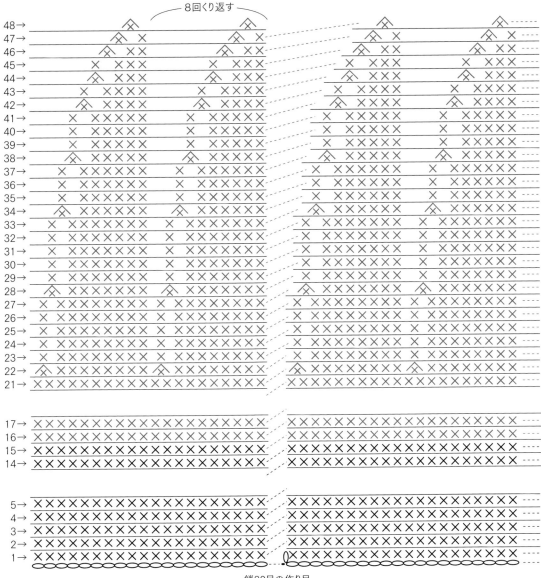

8回くり返す

48→
47→
46→
45→
44→
43→
42→
41→
40→
39→
38→
37→
36→
35→
34→
33→
32→
31→
30→
29→
28→
27→
26→
25→
24→
23→
22→
21→

17→
16→
15→
14→

5→
4→
3→
2→
1→

鎖80目の作り目

○ 鎖編み

✕ 細編み

細編み2目一度

裂き編みスマホポシェット

| PHOTO P.16 |

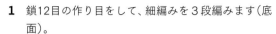

[材料]

[糸] 薄手の木綿地(バンダナ、ハンカチなど)を裂き、1.2cm幅のひもを作る。はさみで切り込みを入れてから裂くとよい。バンダナ5〜6枚程度必要。

[針] 8/0号かぎ針

[その他の材料]
ショルダーストラップ用金具
(ひもの幅に合わせる)2個
Dカン(12mm)2個
マグネット式スナップボタン(直径20mm)1組
手ぬい糸

[でき上がりサイズ] 幅11cm×深さ20cm

[編み方]

1 鎖12目の作り目をして、細編みを3段編みます(底面)。

2 続けて、底面の周りに28目の細編みを編み、立ち上がりなしでらせん状に、増減なしで筒状に28段めまで編みます。
※裂き布の幅によって段数を調整します。高さ20cmになるまで編みます。

3 最終段に引き抜き編みを編みます。

4 編み図を参照し、ショルダーストラップ〈細〉または〈太〉を110cmの長さになるまで編みます。

5 ストラップに金具をつけます。

6 袋にDカンとスナップボタンをとじつけます。

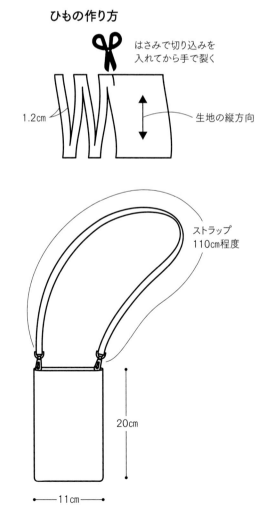

ひもの作り方

はさみで切り込みを入れてから手で裂く

1.2cm

生地の縦方向

ストラップ
110cm程度

20cm

11cm

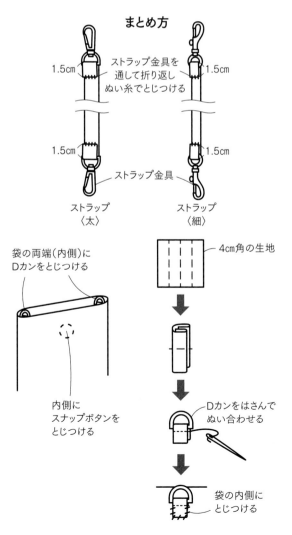

まとめ方

1.5cm ストラップ金具を通して折り返しぬい糸でとじつける 1.5cm

1.5cm ストラップ金具 1.5cm

ストラップ〈太〉 ストラップ〈細〉

袋の両端(内側)にDカンをとじつける

内側にスナップボタンをとじつける

4cm角の生地

Dカンをはさんでぬい合わせる

袋の内側にとじつける

袋

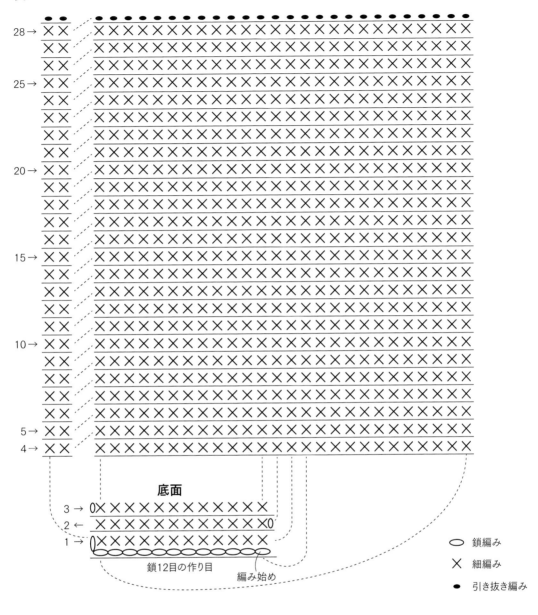

底面

3 → 0×××××××××××××
2 ← ×××××××××××××0
1 → ×××××××××××××

鎖12目の作り目　　　編み始め

○ 鎖編み

× 細編み

● 引き抜き編み

ストラップ〈太〉

← 3cm →

110cmになるまで編む

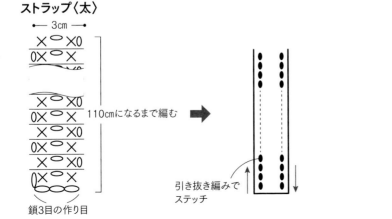

鎖3目の作り目

引き抜き編みで
ステッチ

ストラップ〈細〉

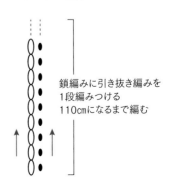

鎖編みに引き抜き編みを
1段編みつける
110cmになるまで編む

11 | 残り糸のマフラー

| PHOTO P.17 |

[材料]

[糸]好みの毛糸 270g程度

[針]8/0号かぎ針

[でき上がりサイズ]幅27cm×長さ180cm

[編み方]

1 　糸端を5cmとって、作り目を271目編み、糸端を5cm残してカットします。

2 　両端に鎖15目のフリンジを作りながら、1段ごとに糸を替えて編み図にしたがって編みます。

　※糸の太さが極太程度になるように、細い糸は数本引きそろえて太さを調整します。

　※細編みと長編みの順序は好みで、バランスをみながらランダムに編みます。

3 　好みの幅まで編んだら、作り目側に1段編んで縁を整えます。

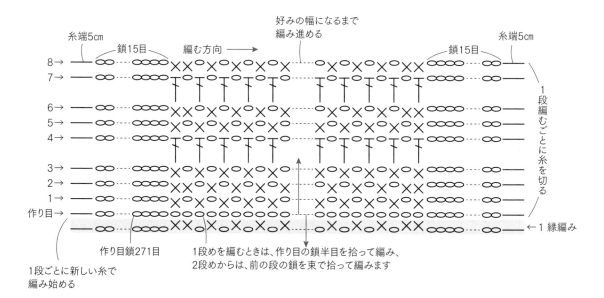

好みの幅になるまで
編み進める

糸端5cm　　鎖15目　　編む方向 →　　　　　　　　　　鎖15目　　糸端5cm

8→
7→
6→
5→
4→
3→
2→
1→
作り目→

1段編むごとに糸を切る

← 1 縁編み

作り目鎖271目

1段めを編むときは、作り目の鎖半目を拾って編み、
2段めからは、前の段の鎖を束で拾って編みます

1段ごとに新しい糸で
編み始める

できあがりサイズ（好みのサイズでOK）

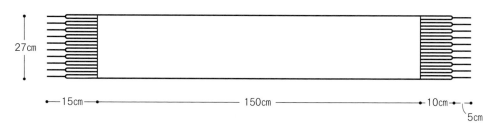

27cm

— 15cm —　　　— 150cm —　　　— 10cm —

5cm

12 │ 着ぐるみ風あみぐるみ人形

│ PHOTO P.18 │ a > カエル　　b > ネコ　　c > ウサギ　　d > クマ

[材料]

[糸] a　iroiro(DARUMA) 24 苔　20g

　　 b　空気をまぜて糸にしたウールアルパカ
　　　　(DARUMA) 12 カナリヤ　20g

　　 c　メリノスタイル並太 (DARUMA)
　　　　1 きなり　30g

　　 d　手つむぎ風タム糸 (DARUMA)
　　　　16 ブルーグレー　50g

[針] a　2/0 号かぎ針

　　 b　3/0 号かぎ針

　　 c　4/0 号かぎ針

　　 d　6/0 号かぎ針

[その他の材料] わた　フェルト　ボタン
　　　　25番刺しゅう糸
　　　　手ぬい糸(ボタンつけ用)
　　　　手芸用ボンド
　　　　※前髪用毛糸と首に巻くリボンは好みで

[でき上がりサイズ]
　　　　a　体長 14cm
　　　　b　体長 18cm
　　　　c　体長 22cm
　　　　d　体長 26cm

[編み方]

1　わの作り目で足のパーツを編みます。編み図を参照し
　16段めまで編み、糸端を20cm残してカットします。

2　もう一方の足も同様に16段めまで編んだら、1本めの
　足の糸端を利用して股の部分を引き抜き編みでつなぎ
　ます。

3　胴体、頭部を編み進め、わたを詰めながら減らし目し、
　絞ってとじます。

4　手、耳、しっぽを編み図を参照して編み、手にはわた
　を詰めて絞ってとじます。

5　足先は図を参照して糸を引いてくぼみをつけます。

6　首部分は糸でぐしぬいして絞ってくびれをつけます。

7　図を参照してまとめます。

まとめ方

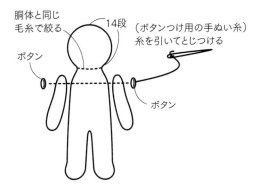

胴体と同じ
毛糸で絞る
14段
(ボタンつけ用の手ぬい糸)
糸を引いてとじつける
ボタン
ボタン

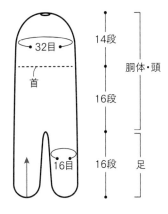

32目
首
14段
胴体・頭
16段
16段　足
16目

足先部分のくぼみを作る

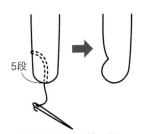

5段

足と同じ糸をとじ針に通し
足先から5段めあたりから刺し、
糸を強く引いて絞る

ウサギとクマの
しっぽ
カエルの目と
同じ編み図

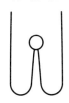

ネコのしっぽ
鎖20目に引き抜き編み
1段編みとじつける

ウサギ、クマのしっぽは、わたを半分くらい詰めて
詰め口を引き絞ってからボディにとじつける

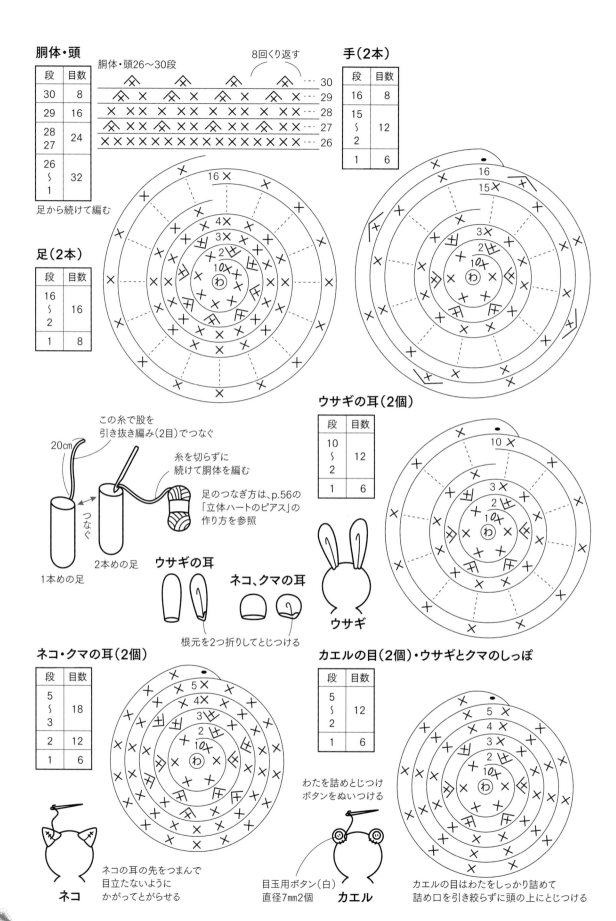

胴体・頭

段	目数
30	8
29	16
28 27	24
26 〜 1	32

胴体・頭26〜30段

8回くり返す

足から続けて編む

手(2本)

段	目数
16	8
15 〜 2	12
1	6

足(2本)

段	目数
16 〜 2	16
1	8

20cm

この糸で股を
引き抜き編み(2目)でつなぐ

糸を切らずに
続けて胴体を編む

足のつなぎ方は、p.56の
「立体ハートのピアス」の
作り方を参照

つなぐ

1本めの足

2本めの足

ウサギの耳

ネコ、クマの耳

根元を2つ折りしてとじつける

ウサギの耳(2個)

段	目数
10 〜 2	12
1	6

ウサギ

ネコ・クマの耳(2個)

段	目数
5 〜 3	18
2	12
1	6

ネコ

ネコの耳の先をつまんで
目立たないように
かがってとがらせる

カエルの目(2個)・ウサギとクマのしっぽ

段	目数
5 〜 2	12
1	6

わたを詰めとじつけ
ボタンをぬいつける

目玉用ボタン(白)
直径7mm2個

カエル

カエルの目はわたをしっかり詰めて
詰め口を引き絞らずに頭の上にとじつける

作品	顔フェルト（うすいだいだい）	白目フェルト（白）	瞳フェルト（色名）	前髪（お好みですが参考までに）	縁取りパーツの作り目	胸つけ用ボタン（色名）
クマ	直径6.5cm	直径1cm	直径6mm（茶）	iroiro Roving col.7（ミモザ）8cm×10本	40目	直径1cm2個（水色）
ウサギ	直径4.5cm	直径7mm	直径4.5mm（ピンク）	カーリーコットン col.2（イエロー）7cm×16本	36目	直径7mm2個（白）
ネコ	直径4.5cm	直径7mm	直径4.5mm（青緑）	iroiro Roving col.102（オートミール）7cm×8本	38目	直径7mm2個（黄）
カエル	直径3.5cm	直径4.5mm	直径3mm（茶）	リネンラミーコットン中細 col.107（ブリック）7cm×16本	36目	直径7mm2個（緑）

縁取りパーツにかくれる分をイメージして3～4mm内側に目、鼻、口を配置する。
白目、瞳はボンドで貼る
※刺しゅう糸はすべて3本どり

茶色（ストレートステッチ）
ベージュピンク（サテンステッチ）
ピンク（バックステッチ）

縁取りパーツ

鎖編みに細編み1段を編み、わにとじ合わせる
（鎖の作り目はきつめに）

顔のパーツを全てをつけてから
ボディにぬい糸でまつりつける

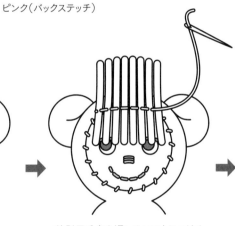

前髪用毛糸を返しぬいでとじつける

折り返して内側をボンドでとめる
好みの長さでカットする

縁取りパーツ

縁取りパーツを編みまつりつける

顔と縁取りパーツのすきまは
ボンドで貼り合わせる

お好みで毛糸やリボンを首に巻く
（体長の2倍程度の長さ）

佐野純子

人形作家。左利き。右利きの母から初めて編み物を習う。
きゆなはれる氏主宰「夢民舎」にてものづくりを、同ニットクラスにて細野雅子氏から編み物を学ぶ。
ニットを中心とした新進クラフト作家の誌上ギャラリーをコンセプトとするミニコミ誌[hao]のメンバーとして活動している。

毛糸編物技能検定1級

インスタグラムアカウント

https://www.instagram.com/junna414funnydolls/

撮　　影	白井由香里
スタイリング	西森萌
プロセス撮影	本間伸彦
デザイン	土屋裕子
	（株式会社ウエイド　手芸制作部）
編み図トレース	森崎達也　田村浩子
	（株式会社ウエイド　手芸制作部）
編み地制作協力	鹿嶋美加子
編み図校正協力	松村忍
編　　集	大野雅代（クリエイトONO）
企画・編集担当	二瓶日向子

[素材提供]（※五十音順）

メルヘンアート株式会社
〒130-0015　東京都墨田区横網2-10-9
TEL　03-3623-3760
https://www.marchen-art.co.jp

横田株式会社・DARUMA
〒541-0058
大阪府大阪市中央区南久宝寺町2-5-14
TEL　06-6251-2183
http://www.daruma-ito.co.jp

> [読者の皆様へ]
>
> 本書の内容に関するお問い合わせは
> お手紙またはメール（info@TG-NET.co.jp）にて承ります。
> 恐縮ですが、電話でのお問い合わせはご遠慮ください。
> 『左利きさんのためのはじめてのかぎ針編み』編集部
>
> ※本書に掲載している作品の複製・販売はご遠慮ください。

左利きさんのための
はじめてのかぎ針編み

2023年7月20日　初版第1刷発行
2024年7月5日　初版第3刷発行

著　者	佐野純子
発行者	廣瀬和二
発行所	株式会社日東書院本社
	〒113-0033　東京都文京区本郷1丁目33番13号 春日町ビル5F
	TEL:03-5931-5930（代表）
	FAX:03-6386-3087（販売部）
	URL: http://www.TG-NET.co.jp
印刷所	三共グラフィック株式会社
製本所	株式会社ブックアート